스튜어디스
다이어리

스튜어디스 다이어리

대한항공 10년차 승무원
W의 세계도시여행

꿈의지도

머리글

입사 후 힘든 교육기간을 거치고 나서 드디어 회사 ID카드를 받았을 때.
문득 어떤 동기가 이렇게 물었다.
"얼마나 일할 거야?"
그 때 난 잠시 망설이다가 말했다.
"아마 한 3년 정도?"
그러나 현재 나는, 3년마다 갱신하는 ID카드를 4번씩이나 새로 만들었다.
여권은 3번 재발급 받았으며, 얼마 전 미국 비자를 갱신하기 위해 다시 대사관에서 인터뷰를 했다.

매년 초 신체검사를 받고 체력테스트를 하면서 느낀다.
시간이 정말 빨리 지나간다고.
첫 비행에 나설 때의 설렘이 아직도 생생한데, 지금의 나는 팀에서 서열상 중간보다 조금 위쪽에 속한다. 조직문화에도 잘 적응해 있으며, 내가 하는 일에 대한 애정도 점점 깊어지고 있다.

쉽지는 않았다. 산 너머 산. 하나의 업무를 익히고 나면 또 새롭게 배워야 할 업무들이 끊이지 않았으니.
혼자였다면 여기까지 올 수 있었을까.
내가 부족한 부분들을 채워준 동료들이 없었다면 과연 가능했을까.
너그러운 손님들을 만나지 못했더라면 1년도 넘기지 못했으리라.
다행히 손님 복이 많은 덕분에 크고 작은 실수들을 모두 용서받았고^^, 격려까지 덤으로 받았으니, 난 참 행복한 사람이다.

누구나 자유롭게 외국에 나갈 수 있는 세상.
승무원이라는 직업이 더 이상 베일에 싸인 꿈의 직업도 아닌 시대.
그러나 나에게는 여전히 스튜어디스라는 직업이 보물처럼 소중하다.
겁 많고 서툰 나를 세상 밖으로 끌어내 주었으니 말이다.
늘 낯선 세상에서, 새로운 것을 경험할 수 있는 기회를 주는 나의 직업.
아름다운 곳, 특별한 사람, 다양한 문화를 만날 수 있게 해주는 나의 직업.
나는 스튜어디스라는 직업에 감사한다.

사람들은 여행을 떠나기 위해 오랫동안 계획을 짜고, 돈을 모으고, 어렵게 시간을 낸다.
그들 입장에서 보면 스튜어디스는 세상에서 가장 부러운 직업 가운데 하나일 수 있다.
그래서 더 열심히 여행했다.
나에게는 너무 따분한 비행지가 누군가에게는 일생에 한 번 가보기를 소망하는 도시라는 것을 가슴에 새기며 하나라도 더 보고, 느끼고, 기록하려고 애썼다.

이 책은 지난 10년 간 내가 보고, 밟은 세계의 도시들에 대한 흔적을 모은 것이다.
그 흔적 가운데는 풋내기 스튜어디스 시절도 있고, 누구보다 노련한 여행자가 되어 낯선 도시를 거니는 모습도 있다.
많이 부족하지만 이 책이 당신에게도 큰 행운을 가져다주었으면 좋겠다.
이 책을 읽고 행복한 여행을 꿈꾸는 사람이 많아졌으면 좋겠다.
행운은 길 위에서 당신을 기다리고 있을지도 모르니까.
그 여행의 시작 또는 끝맺음에라도 나는 기내에서 정성스런 서비스로 당신의 여행을 도울 것이다.

2010년 끝자락에서

Month, Date, Day 2005. 9. 19
Destination
FRANKFURT에 역물 샀거나
→ Hauptwache 역 하차.
Today's check list ___ RÖMER 역 하차.
☐
☐
☐

Photo, Receipt, Stamp, Diary

성당.
고양이 가게
Römer 광장
galleria 백화점
앨버 로렌징. 역
소알로노스케

Month, Date, Day
Destination
Today's
☐
☐
☐

Photo,

여전히 우체국에서 엽서를 부치고, 누구에게든 쪽지 남기는 것을 좋아하는 나.
오래된 일기장에서 나는 알싸한 종이 냄새를 좋아하는 나.
디지털 카메라로 찍은 사진을 굳이 일일이 프린트해서 꼭 앨범에 하나하나 끼우는 나.
어디서건 수첩에 무언가를 끼적거리고 있는 나.

'수고하셨습니다.'

그 말 한 마디면 충분합니다.

그 말 한 마디면 나는,
나보다
다른 사람의 안전이 먼저인
나의 직업을 더욱 사랑하게 됩니다.
어떤 위험한 상황이 오더라도
끝까지 승객을 위해
최선을 다하리라
다짐하게 됩니다.

나는 스튜어디스입니다.

내 맘대로, 여행을 말하는 일곱 가지 방식

호기심과 추억의 빛깔

26 담장 위의 고양이
28 내 여행의 흔적들
30 골무와 자석
38 일기장과 사진첩

하늘을 나는 승무원의 빛깔

42 하늘을 나는 그녀들의 제복
44 선배와 한 방 쓰기 십계명
48 무제크 성벽 아래서 먹은 김밥 한 줄
50 지나친 배려는 민폐
52 홍콩의 밤하늘
54 나만의 세련미
56 그들만의 박시시
60 대한항공 체크 담요는 명품?
62 승객께 고함
64 그 남자의 착각
66 막내의 소개팅 남자
68 승무원 오래 하려면 쿠커를 사세요
70 맥주 맛도 모르면서
74 기내에서 만난 사람들
80 '수고하셨습니다'라는 말의 힘
82 나의 마지막 비행지는 어디가 좋을까

볼수록 빠져드는 일본의 빛깔

90 나의 첫 료칸, 순코소 · 일본 하코네

94 나리타에서 보내는 하루 · 일본 나리타

100 시식의 천국, 일본 · 일본 후쿠오카

102 향기로운 그 집, 플로라 하우스 · 일본 유후인

108 푸른 숲 속 새하얀 미술관 · 일본 아오모리

112 사과향기 나는 고마키 온천 · 일본 아오모리

114 요술공주 밍키처럼 · 일본 교토

118 게이샤의 추억 · 일본 기온

 벨벳처럼 고급스럽고 와인처럼 향기로운 유럽의 빛깔

124 내가 사랑하는 도시 · 영국 런던

128 2002년의 융프라우 · 스위스 인터라켄

132 스위스의 수도는? · 스위스 베른

134 명품 티스푼을 챙기다 · 스위스 취리히

136 사진에는 다 담을 수 없는 풍경 · 독일 퓌센

140 프랑크푸르트에서 먹는 족발 · 독일 프랑크푸르트

144 꿈의 페달을 밟으며 · 이탈리아 피렌체

146 내 생애 최고의 날에는 · 이탈리아 카프리

148 소년에게 낚이다 · 벨기에 호보켄

152 뜻밖의 감동 '플래쉬 몹' · 벨기에 안트베르펜

154 본업은 비행, 여행은 뽀나스 · 이탈리아 아시시

158 사진찍기 놀이 · 이탈리아 피사

160 철거당한 사랑의 약속 · 이탈리아 피렌체

162 추억의 로댕전 · 프랑스 파리

166 파리에서는 악마도 프라다를 입을까 · 프랑스 파리

170 여기 오는 사람을 이방인이 되게 하지 마라 · 네덜란드 암스테르담

172 그대 아직 꿈꾸고 있다면 · 네덜란드 잔세스칸스

176 감동을 주는 정원, 쾨켄호프 · 네덜란드 쾨켄호프

180 웃음이 필요한 인생 · 오스트리아 멜크

184 작은 인연1 · 체코 체스키 크롬로프

188 작은 인연2 · 체코 까를로비 바리

194 아파도 귀찮아도 일단 고고! · 터키 이스탄불

 #주황 **친숙하면서도 낯선 아시아의 빛깔**

200 나의 첫 싸구려 패키지 여행 · 중국 베이징

204 참기름 뿌린 김치를 맛보세요 · 태국 방콕

206 분차는 차가 아니라고요! · 베트남 하노이

208 베트남에서의 브런치 메뉴 · 베트남 호치민

210 우연을 부르는 간식, 로띠 · 태국 치앙마이

212 사막의 오아시스에서 춤을 · 중국 투루판

214 사막을 달린다 · 아랍에미레이트 두바이

220 두바이 버즈 알 아랍을 밟다 · 아랍에미레이트 두바이

222 두바이에서 대~한민국을 외치다 · 아랍에미레이트 두바이

224 쇼핑홀릭 시티 · 말레이시아 쿠알라룸푸르

226 홍차와 ULE · 말레이시아 쿠알라룸푸르

228 아는 만큼 보인다 · 캄보디아 시엠립

234 망고와 치실 · 인도 뭄바이

236 마사지 5종세트+알파 · 우즈베키스탄 타슈켄트

뜨거운 혹은 자유로운 북미의 빛깔

244 승무원이셨던 나의 선생님께 · 미국 LA

248 Change Mind · 미국 LA

250 LA가면 뭐 드세요? · 미국 LA

252 나의 십년 사랑, 차돌박이 · 미국 LA

254 시애틀의 벽난로와 카푸치노 · 미국 시애틀

256 여자의 그릇이야기 · 미국 뉴욕

260 '오페라의 유령' 대 굴욕 관람기 · 미국 뉴욕

266 혼자 쓰리콤보 먹는 여자 · 미국 하와이

268 앵커리지에는 북극곰과 승무원만 걸어다닌다? · 미국 앵커리지

270 안녕, 무스! · 미국 앵커리지

274 나이아가라 폭포를 독차지 하는 비결 · 캐나다 토론토

278 벤쿠버의 맛집, 자파도그 · 캐나다 벤쿠버

 쪽빛 하늘 닮은 땅, 오세아니아주 빛깔

282 멜버른에서 트램을 타고 · 호주 멜버른

290 호주의 야생동물 3종세트 · 호주 브리즈번

296 시드니에서 맞은 발렌타인 데이 · 호주 시드니

300 쉿! 나무들이 자니, 조용히 하세요 · 뉴질랜드 타우포

302 번지점프를 못 하다 · 뉴질랜드 타우포

304 와이헤케 섬, 리슬링 와인, 그리고 무지개 · 뉴질랜드 와이헤케

머리 희끗희끗한 나이가 되고
마지막 비행기를 타야 하는 날이 다가오면,
나도 프라하로 가고 싶다.
그곳에서 시간여행을 하듯 승무원으로서 보낸
나의 청춘을 위해 축배를 들어야지.

'수고했어, 나영! 훌륭한 승무원이었는지는 몰라도 행복한 승무원이었어.'

내 맘대로, 여행을 말하는
일곱 가지 방식

#노랑

호기심과 추억의 빛깔

담장 위의 **고양이**

담장 위의 고양이가 나를 본다.
내 머리 꼭대기에 올라앉아,
허허실실 웃고 있는 나를 쏘아본다.

담장 안과 밖을 모두 볼 수 있어서,
고양이는 담장 위를 좋아한다고 했던가.

담장 너머를 볼 줄 모르는 나를 쏘아보며
고양이가 말한다.

담장 밖에서 무슨 일이 벌어지고 있을까,
늘 궁금해 하라고.
담장 안 세상이 전부는 아니라고.

내 여행은
담장 밖에 대한 궁금증에서 시작되었다.

2001년 4월 28일 국제선 첫 비행을 마친 날.

내 여행의 **흔적들**

눈밭 위를 걸어간 사람들이 발자국을 남기듯
십년 동안 비행기를 탄 나는
골무와 자석 그리고 빛바랜 사진첩과 일기장 몇 권을 남겼다.
단지 이것뿐이다.

수백 수천 번을 오갔을 하늘 길 어디에도
나의 작은 발자국 하나 남지 않았다.
이 작고 사소한 물건들 속에
내가 만났던 낯선 세상이 담겨있을 뿐.

지난 십년 동안의 너를 말해줄 키워드는 뭐니?

누군가 묻는다면,
나는 꽁꽁 감춰두었던 골무와 자석 꾸러미를 꺼낼 것이다.
그리고 빛바랜 내 십년 동안의 사진첩과 일기장을 펼칠 것이다.

지난 십년 동안,
나는 2000일 가까이, 8000시간 넘게 비행기를 탔어.
나의 사진첩과 일기장 안에는 내 여행의 흔적들이 가득해.
이게 지난 십년 동안의 나야.

2010. 8월 어느 날

골무와 자석

한 땀 한 땀 바느질을 이어가는 손가락 끝에 작은 골무를 끼어본다.

처음에는 그저 사소하게 지나쳤다. 작은 종인가, 무심코 생각하면서.
그러나 언젠가부터 골무가 내 눈에 들어왔다. 그 작은 것이 아주 귀하게 여겨지기 시작했다.

하나의 조각과 또 하나의 다른 조각을 서로 잇는 일. 각기 다른 방식으로 존재하던 것들을 새로운 무엇으로 만들어 내기 위해서는 어쩔 수 없이 상처가 생기게 마련이다. 골무 없이 바늘을 밀어 넣는 손가락 끝에는 금세 멍이 들고 피가 흐를 것이다. 옷감뿐만 아니라 가방이나 신발도 바늘과 실로 하나하나 꿰매었던 때에는 골무가 얼마나 대접받았을까. 작지만 꼭 필요한 존재. 그래서인지, 유럽에는 그릇보다 더 아름다운 도자기 골무들이 참 많다.

사람의 마음에도 꼭 맞는 골무가 있었으면 좋겠다. 서로 마음을 합치는 것이 늘 어려운 우리들. 그 마음을 이으려면 또 어쩔 수 없이 누군가는 상처받고, 울고, 결국 헤어지는 게 부지기수인데. 사람 사이에 골무 같은 존재가 있다면, 어지간한 상처들은 거뜬히 막아낼 수 있을 거다. 그렇게 아픔 없이 한 땀 한 땀 잇다보면 금세 하나가 되어 있을지도 모른다. 상처 없이 하나가 된다는 것은 얼마나 큰 축복일까.

처음에는 그런 생각으로 작은 골무를 사기 시작했다. 하나씩, 하나씩 사다보면 언젠가는 내 마음에 꼭 맞는 골무라도 찾을 수 있을 것처럼. 언젠가는 손가락의 상처 뿐 아니라 마음의 상처까지도 지켜주는 마법의 골무를 만날 수 있기를 바라면서.

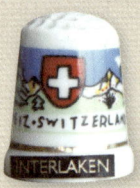

승무원 생활 십년, 여행이 생활이 된지 꼬박 십년. 이제 골무는 내 여행에 가장 중요한 흔적이 되었다. 낡은 여행꾸러미 속에서 갈무리한 골무를 하나씩 꺼내 들면, 그 골무와 처음 만나던 순간이 무성영화처럼 펼쳐진다.

이 골무는 그 때 주인아저씨가 덤으로 준 거고,

이 골무는 비싸서 몇 번을 망설이다가 산 거고,

맞다. 이 골무는 가게에 단 하나 남은 거였는데, 다른 외국인 손님이 자기가 먼저 골랐다고 우기는 바람에 진땀을 빼며 겨우 사온 것이고…….

골무 하나하나마다 사연도 참 많다. 쉽게 잠이 오지 않는 밤이면, 골무들을 꺼내놓고 추억 여행을 한다. 밤은 길고, 나의 추억들은 끝이 없다.

골무와 함께 내 여행의 기억을 간직한 녀석들이 또 있다. 기념품 가게에 가면 어디나 있는 냉장고 자석. 해외여행을 간 여행자라면 한두 개쯤은 꼭 사오는 자석. 자석 위에는 그 도시, 그 나라의 상징적인 그림이나 사진이 붙어 있다. 자석 위의 사진만 보면 어디에 갔다 왔는지를 한 눈에 알 수 있다. 누가 맨 처음 이 자석 기념품을 만들었을까? 엽서도 아니고, 수첩도 아니고 자석이라니!

처음 한두 개 있을 때는 그저 그랬다. 기념품 가게에서 고를 때는 너무나 예쁘고 멋져도, 집에서 끌러보면 생뚱맞거나 시시했다. 보는 사람들도 대부분 별로 신통치 않게 생각하는 것 같았다. 뭘 이렇게 냉장고에 잔뜩 붙여놨나, 하는 눈치였다.

그러나 열, 스물, 서른…. 자석의 개수가 늘어나자 점점 더 애착이 갔다. 여행의 추억이 고스란히 그 안에 있는 것처럼 여겨졌다. 나는 습관처럼 자석을 사모았다. 어느새 기념 자석은 냉장고 한 면을 가득 채우고도 남을 만큼 됐다.

"내가 참 많이도 나갔었네."

그 자석들을 볼 때마다, 하나하나에 내 마음이 붙기 시작했다.

호랑이는 죽어서 가죽을 남기고, 예술가는 죽어서 작품을 남긴다는데, 승무원인 나는 이 일을 끝마칠 때 즈음, 무엇을 남기게 될까. 아마 지금보다 조금 더 많은 골무와 자석을 가지게 되겠지. 사진첩과 일기장 몇 권을 더 채우게 될 테지.

머리가 하얗게 새고, 주름이 자글자글 팬 할머니가 될 때까지도 나는 사진을 찍고, 일기를 쓰고, 골무와 자석을 모으는 스튜어디스로 남아야지. 나의 여행을 멈추지 말아야지.

일기장과 사진첩

트위터와 미니홈피 시대에도 꿋꿋하게 나는 펜을 들고 일기를 쓴다. 블로그에 수도 없이 많은 여행기들이 현란한 솜씨로 실시간 업뎃 되는 마당에, 혼자 종이에 꾹꾹 손 글씨를 눌러 쓰는 이 고집스런 오기.

'일기도 독자가 필요한 거야. 보여주고 싶은 것만 남한테 공개하고 바로바로 반응을 지켜보는 재미! 좋잖아.'

주변에서 아무리 부추겨도 블로그 하나, 홈피 하나 안 만들고 잘도 버텼다. 시대를 따라가지 못하는 느리고, 촌스러운 아날로그 마인드의 소유자, 그게 나다.

여전히 우체국에서 엽서를 부치고, 누구에게든 쪽지 남기는 것을 좋아하는 나. 오래된 일기장에서 나는 알싸한 종이 냄새를 좋아하는 나. 디지털 카메라로 찍은 사진을 굳이 일일이 프린트해서 꼭 앨범에 하나하나 끼우는 나. 어디서건 수첩에 무언가를 끼적거리고 있는 나.

너도나도 얼리 어답터인 세상에서, 나 하나쯤은 살짝 빠져나와, 조금 늦게 천천히 가도 괜찮지 않을까. 나 하나쯤은 연필로 일기를 써도 좋지 않을까. 나의 일기장에는 아직 남은 페이지들이 많으니까.

내 맘대로, 여행을 말하는
일곱 가지 방식

#파랑

하늘을 나는 승무원의 빛깔

하늘을 나는, **그녀들의 제복**

2003년 취리히 공항에서……

제복을 입으면 우리는
머리끝에서부터 발끝까지 승무원이 된다.
우리들의 미소, 우리들의 인사, 우리들의 말씨와 걸음걸이 하나에도
승무원으로서의 마음가짐이 배어있다.

몸이 불편한 할머니도, 갓난아기를 안은 엄마도
좁은 비행기 안에서 긴 시간을 견뎌야 한다.
비행기 안에는
세상에서 가장 행복한 결혼식을 맞은 사람도 있고
사랑하는 사람의 유해를 안고 집으로 돌아가야 하는 사람도 있다.
생애 최고의 행복과
가장 큰 슬픔을 맞은 사람들이 동행하는 비행기 안.
그들 모두의 곁에 우리가 있어야 한다.

선배와 한 방 쓰기 **십계명**

입사 3년차까지는, 세계 어디를 가든 혼자 호텔방을 쓸 수 없었다. 지금은 2년차부터 싱글 룸을 쓰지만, 나는 싱글 룸을 쓰기 위해 3년이란 시간이 필요했다.
신입사원에게 3년은 30년처럼 길게 느껴진다. 게다가 실수투성이 신입사원이 하늘같은 선배와 함께 지내야 한다면?
어려서부터 '좀 치워라'는 잔소리를 귀가 닳도록 듣고 자랐던 나에게 '선배와 한 방 쓰기'는 불편함을 넘어 두려운 일이었다. 방이 돼지우리 같다는 둥, 방에서 귀신 나오겠다는 둥, 무슨 방이 곧 피난 떠나는 사람 방 같다는 둥 하도 다양한 레퍼토리로 구박을 받아왔던 터라, 나의 '귀차니즘'을 어떻게 수습해야 할지 답이 잘 나오지 않았다.

"선배님과 함께 방을 쓰려면 어려운 일이 많을 것 같아요."
이렇게 운을 떼면, 선배들은 서로 얼굴을 마주보며 그저 생글생글 웃었다. 그 마음 다 안다는 듯이.
"걱정 안 해도 돼. 같이 방 쓰다보면 처음에는 조금 불편할지 몰라도 금방 식구처럼 편해져. 혼자 호텔방 쓰면 어려운 일이 더 많을 걸?"
모두들 겁먹은 토끼처럼 불안해하는 나를 안심시켰다. 그런데 오직 한 사람, 평소 농담 잘 하고 짓궂은 선배가 양미간을 찡그리면서 나를 한쪽 구석으로 끌고 갔다. 선배는 한껏 목소리를 낮추며 말했다.
"선배와 한 방을 쓸 때 꼭 지켜야 하는 몇 가지 불문율이 있어. 내가 메일로 정리해서 보내줄게. 이 불문율을 어기면 음…. 바로 깩!"
선배는 자신의 손을 목 근처에서 흔들며 심각한 표정을 지었다. 다른 선배들은 뭐가 그렇게 재밌는지 나를 보며 키득키득 웃었다.
며칠 뒤, 선배는 정말 메일을 보내왔다. 선배와 한 방 쓰기 십계명, 이라고 큼지막한 제목까지 떡하니 달아서!

첫째, 일단 방에 들어가면 선배님께서 어느 침대를 쓰실지 결정한다. 같은 방 안에도 상석이 따로 있는 법. 선배가 창가 쪽을 쓰실지, 벽 쪽 침대를 쓰실지 결정한 뒤에 나머지를 써야 한다.
둘째, 샤워는 꼭 선배님이 먼저 하신 뒤에 한다.
셋째, 샤워할 때 빨아놓은 스타킹이 선배님의 스타킹과 뒤바뀌지 않도록 주의한다.(되도록 눈에 안 띄는 구석에 걸어 말리는 게 좋다.)
넷째, 샤워 후 화장실에서 나올 때는 반드시 떨어진 머리카락은 없는지 살핀다.
다섯째, 쓰고 난 타월은 아무데나 널어두지 말고 룸메이드가 가져갈 수 있도록 한쪽 구석에 잘 모아둔다.
여섯째, 나는 다 자고 깼더라도 선배님이 아직 주무시면 깨지 않도록 조심한다.(특히, 이 부분에서 갖가지 노하우가 필요하다. 화장실 갈 때도 뒤꿈치를 들고 사뿐사뿐 간다거나, 변기 물을 내리지 않고 앉아 있다거나…. 그러나 역시 최고의 방법은 먼저 잠이 깼어도 되도록 선배님이 깨실 때까지 그대로 누워서 기다리는 것이다.)

일곱째. 선배님이 TV리모컨을 돌리며 "보고 싶은 거 있으면 말해" 하더라도, 냉큼 채널을 돌리지 말 것. "아니에요. 전 아무거나 괜찮아요" 이러는 게 좋다.
여덟째. 헤어 드라이기는 선배님께서 쓰신 후에 사용한다.
아홉째. 화장대는 선배님이 쓰신다. 후배는 전신 거울 밑에 수건 깔고 화장한다.
열째. 말을 너무 안 해도 안 되고, 너무 귀찮게 말을 많이 시켜도 안 된다. 적당히(늘 이 '적당히'가 문제지만!) 신경 거스르지 않게 묻고 답한다.

메일을 읽으면서 눈앞이 깜깜했다. 앞으로 펼쳐질 고단한 승무원 생활이 파노라마처럼 지나갔다. LA 윌셔 그랜드Wilshire Grand 호텔의 그 사건이 벌어지기 전까지 나는 그 십계명을 철석같이 믿었다.
십계명을 보내준 선배와 같은 방에 투숙한 그날. 긴장 탓인지 선배보다 일찍 잠에서 깼다. 아랫배가 더부룩했지만 차마 화장실 갈 엄두가 안 났다. 선배가 깰까봐 두려워서다. 눈만 말똥말똥 뜬 채 누워 있었다. 하지만 더는 참지 못하고 화장실로 갔다. 걸을 때는 뒤꿈치를 들고, 화장실에서는 불도 켜지 않은 채 급한 일을 해결했다. 문제는 그 다음이었다. 변기의 물을 내릴 일도, 침대로 돌아갈 일도 걱정이었다.
'물을 내렸다가 그 소리에 선배가 깨면 어쩌지? 이건 규율 위반인데….'
이런저런 고민에 골똘히 빠져 있는데, 갑자기 화장실 문이 확 열렸다. 깜깜한데 혼자 변기 위에 쪼그려 앉아 있는 나를 보고 기절초풍하던 선배의 모습이라니. 그런 선배를 보며 웅얼웅얼 변명을 늘어놨다.
"선배님이 보내준 십계명 6항에 잠자는 선배를 깨우면 안 된다고 되어 있어서…"
선배는 어이가 없다는 듯 웃었다.
"이 바보야! 여태 그걸 믿고 있었어? 그건 장난이야. 신입이 들어오면 선배들이 늘 써먹는 레퍼토리란 말이야."
다시는 그러지 말라고, 먼저 깼어도 화장실 물 내리고 불 켜도 된다고. 오히려 내게 미안해했던 선배. 후훗! 지금도 그때 생각하면 웃음이 절로 나온다. 왜 그렇게 바보 같았을까. 그러나 그 바보스럽고 미련한 시간들이 있었기에 지금의 여유가 주어진 거겠지?
선배와 함께 방을 쓰는 동안 행복한 기억들도 많았다. 사소하지만 소중한 많은 것들을 호텔 방 안에서 배웠다. 호텔방에서 전화하는 법, 룸서비스 시키는 법부터 시작해서, 커피포트 수증기로 햇반 데우는 법, 건조한 방안에서 감기 안 걸리는 법까지 선배들로부터 배워야 할 것들은 기내에만 있었던 게 아니었다.

무엇보다 잊을 수 없는 것은 따뜻했던 선배들의 마음이다. 감기 몸살 때문에 몹시 아팠던 날, 함께 방을 쓰던 선배가 약을 구해다 주고, 찬 수건을 머리에 올려주었다. 그 진심어린 보살핌이 없었더라면 힘들고 외로웠던 시간들을 어떻게 보냈을까.

방 안에서 만큼은 선배와 후배가 아닌, 진정한 동료가 되는 법을 배웠다. 픽업 전에 깨워주기도 하고, 서로의 머리 모양을 봐주기도 했다. 처음부터 낯선 호텔 방 안에서 혼자 자야 했다면, 훨씬 더 많이 울어야 했을지 모른다. 싸울 때 싸우더라도 혼자보다는 둘이 낫다는 말이 맞다. 함께 잠을 자고, 함께 밥을 먹으며 쌓은 정은 어쩌면 그 힘든 시간을 버티게 해 준 면역주사제나 성장촉진제 같은 게 아니었을까.

그렇게 길게만 여겨지던 시간이 다 지나고, 이제는 십년 차. 군대로 치면, 누워서 TV 보고 앉아서 군화 끈 매고, PX 마음대로 갈 수 있는 짬밥이 된 건가? 비행 끝나고 방에 혼자 들어가자마자, 아무데나 가방 던져놓고 침대에 누워도 아무도 뭐라 할 사람이 없다. 옷 훌훌 벗어놔도, 씻고 싶을 때 씻고, 자고 싶을 때 자고, 밤새 TV를 켜놓고 잠이 들어도 눈치 안 봐도 되는 고참이다. 하지만 가끔씩은 그 시절이 그립다. 선배와 함께 누워 밤늦도록 두런두런 나눴던 속 깊은 이야기들이 진한 그리움으로 다가올 때가 있다.

내일은 로마 비행이 있는 날이다. 신입 승무원 두 명이 탄다는 비행스케줄 메일이 왔다. 그들은 지금 얼마나 긴장하고 있을까. 장거리 비행을 앞둔 후배들을 생각하니, 첫 비행에 가슴 졸이던 그 시절의 내 모습이 떠오른다. 십년쯤 뒤, 나도 그들에게 따뜻했던 선배로 기억될까. 착한 고민을 하게 되는 시간이다.

무제크 성벽 아래서 먹은 **김밥 한 줄**

신입시절, 열다섯 명 정도가 한 팀이 되어 일 년 동안 함께 비행을 했다. 함께 밥 먹고, 함께 여행하는 사람들이라 가족 같이 가까웠다. 그렇지만 그 중에서도 엄격하고 무서운 선배가 있었다. 제대로 말도 못 붙일 만큼 어려웠다.

게다가 아직 일이 서툰 내가 자꾸 실수를 하는 바람에 그 선배는 몇 배로 고생을 해야 했다. 죄송하다는 소리도 안 나왔다. 가시방석에 앉아 눈치만 보던 날들이었다.

유럽까지 가는 장거리 비행이 겁나기만 했던 그 시절. 기내에서 뭔가 실수를 하고 잔뜩 풀이 죽어 있었다. 모두들 취리히까지 왔는데 그냥 있을 수는 없다며 나가자고 했다. 나는 썩 내키지 않았지만, 혼자 분위기를 망칠 수는 없어서 마지못해 따라나섰다. 우리는 기차를 타고 루체른까지 가기로 했다. 취리히 기차역에서 그 무서운 선배가 내게 무언가를 내밀었다. 그것은 호일에 싼 김밥 한 줄이었다.

"너 줄려고 집에서부터 김밥 재료를 가지고 왔다. 칼은 기내 반입금지라 썰지는 못했어. 이로 잘 끊어 먹어."

혼을 내도 모자랄 판에 정성껏 만든 김밥이라니.

'말 안 해도 너 힘든 거 다 안다. 여기 있는 우리들 모두 그 시절을 지나왔어. 그러니 괜찮아. 이 김밥 먹고 힘내라, 원나영!'

선배의 김밥 한 줄에는 이런 말들이 묻어 있었다. 말하지 않아도 전해지는 마음.

사람의 마음을 움직이는 것은 이런 거다. 선배가 화내고 혼냈으면, 아마 내가 잘못해 놓고도 억울하다고 했을 것이다. 말 안 해도, 잘못한 거 나도 다 안다고 속으로 짜증 냈을지 모른다. 그러나 선배의 김밥 한 줄에 앞으로 더 잘 해야지, 마음이 다져졌다. 고마움과 미안함이 김밥에 버무려졌다.

그 날, 나는 루체른의 무제크 성벽 아래에서 햇살을 등지고 앉아 김밥을 먹었다. 그러나 내가 먹은 것은 그냥 김밥이 아니었다. 같은 길을 가는 사람들끼리 나눈 위로와 격

려였다. 힘들 때 서로를 다독여주는 그런 마음들이 없다면, 어떻게 그 시간들을 지나올 수 있었을까. 서울로 돌아가는 비행기 안에서 나는 기운이 펄펄 솟는 것 같았다. 혼이 나도 웃으면서 "네~ 언니. 죄송해요~!" 씩씩하게 말할 수 있었다. 김밥 한 줄의 위대한 힘이다.

더 빨리 흐르라고
강물의 등을 떠밀지 마라.
강물은 나름대로 최선을 다하고 있는 것이다.

힘겨워 하는 신입 후배를 보면 장 부슬로의 싯구가 떠오른다. 다친 달팽이처럼 그는 지금 허둥대며 눈물을 글썽이지만, 괜찮다. 언젠가는 스스로 제자리를 찾을 테니까. 그의 실수에도 이유가 있었을 테니까. 내가 조금 더 움직이게 되더라도 너그럽게 이해해 주어야지. 누구에게나 눈물로 시작하는 '처음'이 있는 법이니까.

지나친 배려는 민폐

창가 좌석에 아저씨 한 분이 앉으셨다. 그런데 아저씨 옆 자리에 갓난아기를 안은 엄마와 할머니가 나란히 앉게 되었다. 칭얼거리는 아기 옆에서 가족도 아닌 사람이 10시간 넘게 가려면 고역이겠다 싶었다. 갑자기 배려 본능이 솟구쳤다.
"손님, 불편하시면 다른 빈자리로 옮겨드리겠습니다."
하지만 아저씨 손님은 한사코 싫다는 것이었다. 그러면 알았다고 하고, 돌아오면 끝이다. 그런데 한번 불붙은 나의 배려 본능은 쉽사리 꺼지지 않았다.
'아하, 괜히 미안해서 그러시는구나.'
나는 지레짐작으로 일관하며 다시 배려의 단계를 높였다.
"손님, 괜찮습니다. 오늘은 좌석도 충분하니까 걱정하지 않고 옮기셔도 됩니다."
그런데도 손님은 아니라고, 난처한 표정을 지으며 계속 고개를 내저었다. 나중에는 싫다는 사람을 굳이 내가 억지로 자리 옮겨주겠다고 설득하고 서 있는 꼴이 됐다. 나는 하는 수 없이 갤리로 돌아왔다.
그러자 잠시 뒤, 그 아저씨께서 조용히 갤리로 들어오셨다.

"저, 승무원 아가씨. 배려해주시는 건 고맙지만 제가 사연이 좀 있어서요. 아까 그 자리는 제가 제 아내와 처음 해외여행을 갈 때 앉았던 자리입니다. 지금 그 사람은 하늘나라에 가고 없습니다만, 저는 지금도 그 때 생각이 참 많이 납니다. 처음 비행기 타면서 아내가 얼마나 좋아했었는지 모릅니다. 그래서 제가 일부러 그 자리를 예약해서 앉은 겁니다."

세상에나 맙소사! 그런 줄도 모르고 눈치코치 없는 내가 자꾸 자리를 바꿔드리겠다고 했으니! 앞으로 너무 지나친 배려는 삼가겠습니다.

홍콩의 밤하늘

승객들이 모두 잠든 밤 비행.
나는 점프 시트에 혼자 앉아 창밖을 본다.
창밖은 온통 검은 빛, 그 위에 점점이 금가루가 반짝인다.
반은 별빛이고, 반은 밤바다 위 고기잡이배에서 흘러나오는 불빛일 테지만,
어디까지가 하늘이고 어디까지가 바다인지 나는 알 수가 없다.
어디까지가 별빛이고 어디까지가 불빛인지 나는 가늠할 수가 없다.
길을 잃었을 때, 누군가는 밤하늘의 별을 보며 갈 곳을 찾는다는데
나는 별 때문에 내가 있는 곳이 어디인지 놓쳐버렸다.

삶은 때때로 어디가 어디인지 가늠할 수 없는 혼돈을 몰고 온다.
내가 도대체 어디쯤 가고 있는지 모를 때, 당신은 어쩌나.
안개 속처럼,
어둠 속처럼,
송두리째 경계를 허물고 밀려드는 혼돈 속에서 주저앉아 마냥 우나.
도망치듯 왔던 길로 되돌아가나.
몸부림치듯 이 악물고 그 고비를 넘어가나.

당신, 가다가 길을 잃더라도 멈추지 말기를.
사막을 걷게 되더라도 포기하지 말기를.
지금 서 있는 곳이 어디인지 몰라도
별은 끝끝내 제 갈 길 가고,
배도 쉼 없이 제 갈 길 가고,
나도 묵묵히 내 갈 길 가다보면,
언젠가는 각자 원하는 곳에 가닿아 있을 테니까.
하늘과 바다를 가르는 경계 따위 허물어져도
별은 제 빛을 잃지 않을 테니까.

나만의 **세련미**

스트라이프 셔츠의 소매 끝을 편안하게 걷어 올린 남자.
"손님, 식사는 어떤 걸로 하시겠습니까?"
다가가 묻자, 부드럽게 말한다.
"괜찮습니다. 그냥 물이나 한 잔 주세요."
그리고는 읽던 신문 위로 다시 시선을 고정시킨다.
남자의 태도가 세련됐다. 나도 모르게 살포시 미소가 흘러나왔다.
아마도 그 때부터였던 것 같다.
기내식에 집착하지 않는 승객들을 보면 그렇게 세련되고 멋져 보일 수가 없었다.

나도 승객이 되면, 꼭 물 한 잔만 받아놓고 신문을 보리라.
고맙지만, 식사는 사양하겠다고 말하며 부드럽게 웃어 주리라.

그리하여 어느 날, 승객이 된 나는 '세련된 승객 되기'에 도전했다. 인천에서 홍콩까지 가는 동안 물 한 잔만 받아놓고 내릴 때까지 줄곧 신문이나 잡지만 읽기!
에구, 그러나 쉬운 일이 아니었다.
밥을 안 먹으니 시간도 더디게 흐르는 것 같고, 뱃속에서는 밥 내놓으라고 항의소동이 요란 맞다. 이런, 세련 찾다가 사람 잡겠네. 세련된 승무원 되기도 쉽지 않더니, 세련된 승객 되기도 어렵구나. 결국 비행 내내 쫄쫄 굶다가 홍콩 공항에 도착하자마자 주린 배를 움켜쥐고 서둘러 식당부터 찾아 나섰다.

그러나 세련된 손님되기를 쉽게 포기할 수는 없었다. 그래서 내가 찾아낸 굿 아이디어는 바로 탑승 전에 배불리 먹기!

나는 승무원이 아닌 승객으로 비행기를 탈 때는 종종 라운지를 들른다.
샐러드에, 빵에, 우동이나 볶음밥까지 미리 빵빵하게 식사를 해둔 다음, 탑승을 한다.

기내에서 승무원이 묻는다.
"식사는 무엇으로 드릴까요?"
그러면, 나는 느긋하게 웃는 얼굴로 대답한다.
"괜찮아요. 물이나 한 잔 주세요."

음 하하, 이것이 나의 진정한 세련미렷다.

그들만의 서비스, **박시시**

세계 어느 곳을 가든, 그곳의 서비스와 친절도에 민감한 게 승무원이다. 이것도 직업병일까? 어떻게 주문을 받는지, 어떤 표정으로 손님을 응대하는지, 어떤 불편을 어떻게 해결해 주는지 등등. 낯선 곳에서 만난 현지인들의 서비스 매너는 늘 나의 관심사다.

처음 이집트 카이로에 갔을 때, 나는 큰 착각의 늪에 빠졌다.

가는 곳마다 가방을 들어주겠다는 사람, 문을 열어주겠다는 사람, 함께 사진을 찍어주겠다는 사람들이 너무 많았다.

'이 사람들은 여행객에게 열린 마음을 가지고 있구나. 참 친절하다!'

척박한 자연환경 속에서도 따뜻한 마음을 가지고 사는 사람들이 사뭇 감동스럽기까지 했다. 그런데 특이하게 친절을 베푼 사람들이 하나같이 엄지와 검지를 비비는 행동을 하는 거다. 그들만의 인사법인가, 아리송했다.

"돈을 달라는 거예요. 당신들을 위해 서비스를 했으니 대가를 치르라는 거죠."

한 동료의 설명에 나는 몹시 당황스러웠다.

"아니, 내가 원하지도 않는 서비스를 해줘놓고 무슨 대가?"

마치 그 동료가 내게 돈을 요구하기라도 한 듯이 나는 따져 물었다.

"그게 이 나라 사람들만의 독특한 팁 문화예요. 돈 많은 사람들에게 나름대로 서비스를 해주고 돈을 얻는 박시시 Baksheesh 문화라는 거죠."

원래 이슬람에서는 부자가 가난한 사람들에게 돈이나 물건을 줘야 한다. 그것이 당연히 해야 할 행동이라고 여긴다. 때문에 여행객들은 돈이 많다고 생각하여, 자신들을 위해 돈을 좀 주는 것은 당연하다고 여긴다. 당연하기 때문에 비굴하게 구걸하지도 않는다. 마땅히 내놓아야 한다고 다그친다.

그런데 이런 당당한 생각들이 현대 사회로 올수록 왜곡되고 과장되어 나타난다. 화장

실에서 휴지를 대신 뽑아주고도 박시시를 요구하거나 박시시를 주지 않으면 욕을 하는 식이다. 처음에는 친절한 마음에 감사하다가도 끈질기게 박시시를 요구하는 사람들에게 몇 번 치이다보면 슬슬 짜증이 난다.

돈이라는 것이 참 묘하다. 방금 전까지도 친절하다고 생각했던 마음이 돈 때문이었다는 것을 알게 된 순간 불쾌함으로 바뀐다. 나를 위해 대신 수고를 해준 누군가에게 조용히 팁을 건네는 것과 박시시는 전혀 다르게 느껴진다. 왜일까? 상대가 원하지 않는 친절을 베풀었기 때문에? 아니면 돈을 강요했기 때문에?

이집트 카이로에 가면, 승무원으로서 나는 늘 그들의 박시시 문화와 서비스의 본질에 대한 고민을 안게 된다. 감동을 주는 서비스란 결국 어떤 대가도 바라지 않고 진심일 때 가장 큰 울림을 준다는 사실을 가슴에 새기며.

p.s 우리와 사진 촬영을 해준 낙타도, 피라미드나 스핑크스도 왠지 박시시를 요구할 것 같아 불안한 이 기분! 인간은 어마어마한 돌을 옮겨 피라미드를 만들 수도 있을 만큼 위대하지만, 돈 한 푼에 다툼을 벌일 수도 있는 쬐쬐한 존재이기도 하다. 끝없는 사막 가운데서 여행을 통해 또 사람 공부를 하게 된다.

대한항공 체크담요는 명품?

영국의 버버리 체크가 명품이라지만, 대한항공의 체크 담요만 할까. TV에서, 거리에서, 노약자도, 젊은이도 수도 없이 애용하는 대한항공 체크 담요! 아기의 유모차 위에도 한 장, 입원 중인 환자의 무릎 위에도 한 장, 대기 중인 연예인의 어깨 위에도 한 장. 이렇게 많은 담요들이 비행기 안을 탈출하여 세상 곳곳에 담요의 온기를 전하고 있다니!

그러나 기내 담요를 밖으로 가지고 나가는 행위는 명백한 불법이다. 그러니 직접 구매하지 않았다면, 여기저기서 떠돌고 있는 항공기 담요는 모두 장물인 셈이다. 요즘에는 거의 없지만, 불과 몇 년 전만해도 담요 반출이 비일비재했다. 담요를 어떻게 가지고 나왔는지 무용담을 떠벌이거나 아예 몇 개씩 더 달라고 해서 몇 개를 가지고 나왔다고 자랑하는 사람도 있었다. 나는 이런 말을 들으면 서러운 마음에 울컥한다.

처음으로 국제선 비행에 투입된 날. 런던행 비행기 안에서 나는 멀미가 날 정도로 잔뜩 긴장하고 힘들게 일했다. 어떻게 서빙을 했는지도 모르게 식사가 끝났고, 드디어 짧은 휴식이 찾아왔다. 여전히 낯설고 두렵고 춥기까지 했던 기내 벙커에서 담요 한 장을 덮고 누웠다. 따뜻한 집 생각이 간절했다. 잠도 얼른 오지 않아서 담요 한 장에 의지해 간신히 눈만 감은 채 쉬고 있었다.
그 때, 내 바로 위의 선배가 다가와 절박하게 속삭였다.
"나영 씨, 정말 미안해. 담요가 없어. 미안."
선배는 잽싸게 내가 덮고 있던 담요를 쓱 벗겨갔다. 감고 있던 눈도 채 뜨기 전에 담요를 빼앗긴 나는 허탈했다. 아마 손님들이 받은 담요 외에 한 장씩을 더 달라고 했을 것이다. 그런데 그런 손님이 한두 분이 아니다 보니 여유분의 담요마저도 동이 났던 거려니 생각했다. 손님의 부탁을 거절할 수 없었던 선배의 마음은 오죽했을까. 지쳐서 곤히 자는 막내의 담요마저 벗겨가야 했던 선배의 마음도 찢어졌으려니, 싶다가도 울컥 서러움이 밀려들었다.
혼자 벙커 안에서 항공 담요 한 장마저 손님들께 반납하고, 으슬으슬 한기를 참아가며 휴식하던 날. 나는 아끼던 장난감을 빼앗긴 어린 아이처럼 찔끔 눈물을 훔쳤다.

지금 이 순간, 기내 담요 한 장 슬쩍 가방 속에 챙겨 넣으시려는 분! 계속 춥다고 담요 더 달래가지고 몰래 한 장 챙기셔서 살림살이 좀 나아지셨습니까?
담요가 정 탐나신다면, 'e-skyshop'에서 직접 구매하시는 게 어떨까요? 대한항공 담요의 가격이 양심과 바꿔야할 만큼 고가는 아니랍니다. 대한항공 담요는 명품이지만, 가격은 착하답니다.^^

승객께 고함

1. 식사 종류를 결정하셨다면, 승무원에게 큰 소리로 또박또박 말씀해주세요. 옆 사람 귀에다 대고 말씀하시면 알아듣지 못합니다.

2. 변기 옆에는 꼭 물 내리는 버튼이 있다는 확신을 가지고 찾아보세요. 일어나면 자동으로 물이 내려가는 변기는 아직 장착되지 않았답니다.

3. 화장실 문은 손잡이를 당겨 열거나 손잡이가 없는 접이문은 문 가운데를 밀면 됩니다. 지금 손님께서 잡아 뜯고 계신 것은 재떨이입니다.

4. 원하는 식사를 받지 못해 화가 나셨더라도 "나 밥 안 먹어"라고 말씀하지 마세요. '나는 어른이다', '나는 상식적인 사람이다'라고 주문을 외어보세요. 밥 한 끼에 품격을 버릴 수는 없잖아요?

5. 헤드폰을 끼고 계실 때는 내 목소리가 커진다는 것을 명심해주세요. 깜깜하고 조용한 기내에서 문득문득 들리는 당신의 웃음소리, 무섭습니다.

6. 난기류 지역을 통과할 때 좌석벨트 매라고 승무원이 말하면 빨리 매주세요. 허리띠 보여주면서 벨트 맸다고 하는 유머는 10년 전에 이미 써먹은 식상한 유머입니다.

7. 비행기가 놀이기구 타는 것처럼 심하게 흔들리고, 승무원도 모두 자리에 앉으라는 방송이 나올 때, 콜 버튼 눌러서 콜라 갖다달라고 하지 말아주세요. 승무원이 비행 중에 자리에 앉아 벨트까지 매고 있다면, 정말 위험한 상황입니다.

8. 기내 판매 시간에 승무원 붙잡아 놓고 그제야 책 뒤적거리며 뭘 살까 생각하시는 당신. 고개를 돌려 뒤를 한 번 보시겠습니까? 당신 뒤에 계신 분이 초조한 표정으로 저를 재촉하고 계십니다. 뭘 살지 정하신 다음에 승무원을 부르셔도 늦지 않습니다.

9. 마음을 열고 승무원을 좋아해주세요. 그러면 당신은 오늘 최고의 손님!! 승무원은 없는 것도 만들어 내어 당신에게 줍니다.

그 남자의 **착각**

미국에서 한국으로 돌아오는 비행기 안. 승객들에게 입국카드를 나누어 드리고 있었다.
"한국 여권 가지고 계십니까?" 라고 일일이 물어가면서.
한국 여권 소지자는 세관신고서만 작성하면 된다. 그러나 한국 여권이 없다면 입국카드도 함께 써야 하기 때문이다.
어떤 젊은 남자 앞에서도 한국 여권 소지 여부를 확인하기 위하여 조용히 입을 열었다.
"손님, 한국 여권 가지고 계십니까?"
열심히 영화를 보고 있던 젊은 남자는 깜짝 놀라는 표정으로 말했다.
"예……. 저는 당당한 한국 남자고 군대도 현역으로 다녀왔는데요!"
큭큭! 정말 재밌는 분이라고 생각했다. 그리고 세관신고서만 드린 채 다른 자리로 이동했다. 그런데 조금 후, 그 남자가 다시 갤리로 나를 찾아왔다.
"시간 있으시면 내려서 같이 저녁 식사 하실래요?"
"네?"
나는 당황스러웠다.
"저한테 관심 있으신 거 아니었어요?"
"네에??"
대략난감.
"아까 저한테 한국 여권 가지고 있냐고 물으셨잖아요? 왜요? 내가 한국 여권 가지고 있어서 실망했어요? 결혼해서 미국 가서 살고 싶었던 거예요?"
갈수록 태산이라더니, 이 남자의 착각이 태산보다 높다.
내가 한국 여권 소지 여부를 물었던 이유를 설명하자, 남자는 얼굴이 벌게졌다. 자신감 충만하던 표정은 찾아볼 수 없었다. 그는 쌩하니 자리로 돌아가 버렸다. 인천공항에서 내릴 때도 애써 눈길을 외면했다. 뭐, 그러실 것까지야! 착각은 자유인데!

막내의 **소개팅 남자**

비행기 문을 닫고 막 출발하려는 순간이었다. 막내 승무원이 새 치름한 얼굴로 갤리에 들어섰다. 늘 밝은 표정으로 생글거리던 후배가 웬일인가 싶어 모두 돌아보았다.
"왜 그래? 무슨 일 있어?"
머뭇거리던 막내 승무원은 두 눈썹을 찡그리며 말했다.
"아휴, 전에 소개팅 했던 남자가 탔어요. 내키지 않아서 식사 하자는 것도 거절하고 일부러 얌체같이 굴었는데, 어쩌죠? 나중에 전화 왔을 때도 몇 번이나 피했는데……. 그냥 모른 척 할까요? 아니면 아무 일도 없었던 것처럼 반갑게 웃을까요?"

수 년 동안 비행기를 타다보면, 다시는 평생 얼굴 보는 일 없었으면 싶은 사람과 비행기 안에서 맞닥뜨리게 되는 일이 종종 벌어진다. 아는 척을 해야 하나, 말아야 하나, 무슨 말을 해야 하나, 난감할 때가 있다. 안 좋게 끝난 애인이 보란 듯이 나보다 훨씬 아름다운 여자와 여행갈 때, 대판 싸우고 연락 끊은 친구에게 식사서비스 해줘야 할 때, 부잣집으로 시집간다고 잘난 척 하는 친구가 얄미워서 결혼식장에도 안 갔는데, 신혼여행 갔다 돌아오는 중에 만나게 될 때.

그 때는, 긴 사다리라도 있으면 조용히 비행기 문 열고 내리고 싶다. 막내 승무원의 지금 심정이 그렇겠지. 모두들 쯧쯧 혀를 차며 안타까워했다. 어색한 건 피할 수 없는 현실일테니.
막내 승무원이 어떻게 어색함을 넘겼는지는 정확히 알지 못한 채, 우리는 바쁜 비행을 무사히 마치고 숙소로 돌아왔다. 그리고 모두 느지막이 일어나 수영장으로 가던 중이었다. 화장 안 한 맨 얼굴에, 부스스한 차림. 모두들 상태가 썩 좋지 않았다. 그런데 비행기에서 만났다던 막내의 소개팅 남자가 회사 사람들과 함께 앞에서 마주 걸어오고 있는 것이 아닌가. 우리 막내, 순간 울상이 되었다. 그 남자, 손톱만큼의 아쉬움도 없다는 듯 쿨하게 까딱 고갯짓을 하며 지나쳐갔다. 소개팅에서 거절당한 남자의 짭짤한 복수였다.
"수영복 입고 마주친 것보다 화장 안 한 맨 얼굴로 마주친 게 더 짜증나요."
막내는 얼마 동안 벌게진 얼굴로 팔딱거렸다. 그러니 한번 만난 사람이라도 좋게 잘 헤어져야 한다. 운명이란 장난질이 심해서, 언제 어느 때 다시 만나게 될지 모른다니까.

승무원 오래 하려면 **쿠커를 사세요**

세상에서 가장 순박한 사람들이 산다는 곳, 피지.
처음 이 곳에 취항했을 때만 해도 그 말은 사실이었다. 누구든 만나면 '불라(안녕)~불라(안녕)~' 인사하며 바구니에 담긴 망고를 건네주던 사람들이었으니. 그러나 시간이 지날수록 팁 받으려고 눈치 보는 사람들로 변해가는 모습을 본다. 돈이라는 게 결국 사람의 마음을 조금씩 황폐하게 만드는 것 같아 때때로 슬프다.

한 때 이곳 피지 여자들은 자신들이 세상에서 가장 행복하다고 믿었다. 그러나 언젠가부터 텔레비전이 보급되기 시작하자, 여자들은 자신들이 불행하다고 생각하기 시작했다. 믿거나 말거나 하는 이야기. 하지만 행복과 불행이 결국은 상대적인 비교에서 오는 것임을 인정하지 않을 수 없다.

다른 세상과 비교하지만 않는다면, 피지 섬은 과연 삶의 낙원이다. 수정처럼 맑은 바다가 있고, 부드러운 금빛 모래가 있는 환상의 섬이다. 이런 곳에서 평생 경쟁 없이, 욕심 없이 살아가는 삶은 충분히 행복하지 않을까. 그러나 다른 세상을 꿈꾸기 시작하는 순간, 이 아름다운 섬도 떠나야만 하는, 떠나고 싶은 땅이 되고 만다.

나에게도 피지는 환상의 섬이었다. 그런데도 늘 빨리 떠나고 싶은 땅이 되고 말았으니, 그 이유는 단지 먹는 것 때문이었다. 피지에서는 갈 때마다 음식이 맞지 않아 여러 번 고생을 했다. 그런 나에게 선배들이 한 가지 팁을 알려주었다.

"굶지 말고 전기 쿠커를 하나 사지 그래?"

"엥? 그게 뭔데요?"

"코펠과 전기 버너가 합체된 조리 기구라고나 할까. 아무튼 쌀을 올려 밥도 해먹을 수 있고, 국도 끓여먹을 수 있고, 라면이나 떡볶이도 해먹을 수 있는 만능 요리사야. 밥을 하면 살짝 누룽지까지 생겨. 그 누룽지의 맛을 잊지 못해 집에서도 가끔 전기 쿠커에 밥 해먹게 된다니까. 게다가……."
선배들은 무슨 특급 비밀이라도 되는 듯 갑자기 목소리를 낮추었다. 난생 처음 듣는 얘기인 듯이 눈만 떼굴떼굴 굴리는 내게, 선배들은 쿠커의 예언도 덧붙였다.

"게다가 말이야. 신입 때 쿠커를 사면 승무원 오래오래 한다는 전설이 있어. 승무원 오래 하고 싶으면 지금 빨리 전기 쿠커를 마련해."
나는 그 길로 당장 전기 쿠커를 구매했다. 그리고 매번 피지를 갈 때마다 꼭 전기 쿠커를 챙긴다. 전기 쿠커는 피지의 필수품이 되었다.

어느새 전기 쿠커를 산 지 십 년. 참 신통하다. 전기 쿠커의 예언이 맞은 걸까. 나는 아직까지 별 탈 없이 승무원을 잘 하고 있으니.

맥주 맛도 모르면서

맥주는 나에게 일이 끝났음을 알리는 휴식의 알람이다. 비행을 마치고 낯선 호텔방에 들어오면, 제일 먼저 미지근한 물에 샤워를 한 뒤 미니바에서 시원한 맥주를 한 캔 꺼내 마신다. 차고 톡 쏘는 경쾌한 맛이 입 안에 확 퍼지는 순간, 아! 일이 끝났구나, 실감한다. 창밖을 바라보며 그 날 있었던 일들을 하나씩 꺼내보는 그 때. 아무리 힘겨운 비행이었더라도, 맥주 한 모금으로 고단함을 밀어낸다. 창밖에 비치는 내 모습이 때로 축 쳐져 있어도, 맥주 한 모금으로 나는 다시 웃을 다짐을 한다.

누구에게나 일이란 그런 것이다. 내가 여직 왜 이 일을 붙잡고 있나, 다음 달에는 진짜 때려치워야지, 싶다가도 언제 그랬냐 싶게 다시 추스르고 파이팅을 외치는 것. 그래서 막상 정신없이 일이 돌아갈 때는 까맣게 잊고 만다. 내가 다음 달에 이 일을 때려치울

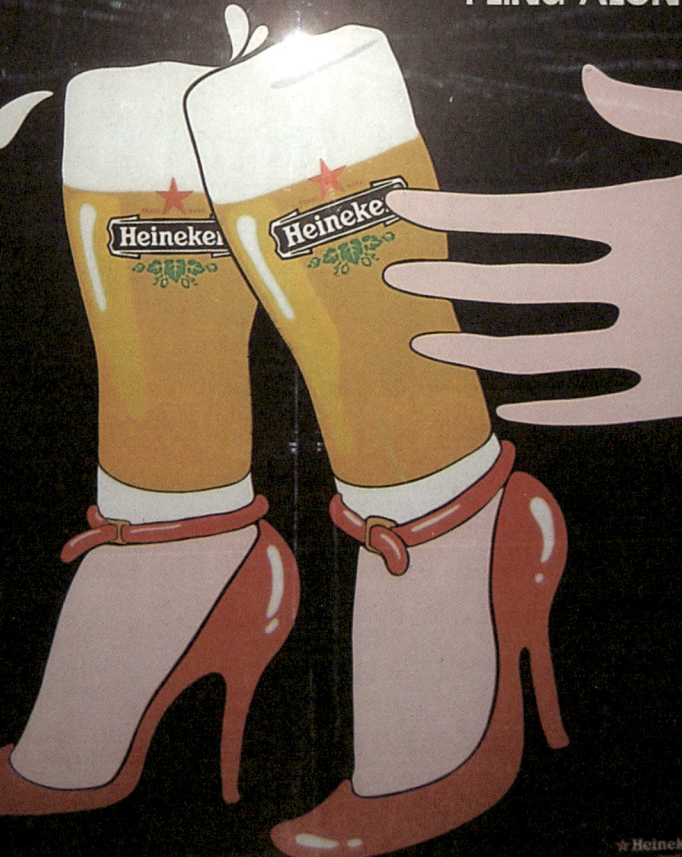

작정이었다는 것조차도.
내 뜻대로 움직여질 때보다 그렇지 않을 때가 더 많은 일터. 치열한 밥벌이의 현장에서 날마다 그만 두고 싶지 않은 사람이 몇이나 될까. 그럼에도 웃는 얼굴로 다시 활기차게 비행기를 타는 이유가 뭐냐고 누군가 내게 묻는다면? 나는 맥주 때문이라고 말할 것이다. 금방이라도 무너져 내릴 것만 같은 피곤함을 무릅쓰고 목울대로 넘기는 짜릿한 맥주의 맛. 그 한 캔의 맥주 덕분에 나는 수도 없이 뒤바뀌는 시차를 견뎌냈고, 낯설고 두려운 타지에서의 외로움도 이겨냈다. 열 시간 넘게 딱딱한 구두를 신고 동동거린 내게 위로와 격려를 건네는 맥주! 한 캔 한 캔 뜯어 마시다보니 이제는 어느새 대한항공의 취항지 만큼이나 많은 종류의 맥주를 마셔보게 됐다.

싱하 맥주하면, 방콕 노천 식당에서 먹은 커리 크랩과 숯불에 구운 왕새우가 떠오른다.
창 맥주 하면, 치앙마이 호텔 옥상에서 희고 탐스러운 꽃송이가 수영장 안으로 떨어지던 모습이 생각난다.
앵커 맥주하면, 시엠립에서 얼음바구니를 들고 식당 안을 돌며 미지근한 맥주 안에 얼음을 넣어주던 소녀의 가녀린 손목이 생각난다.
하이네켄 맥주하면, 암스테르담 하이네켄 브루어리에서 공짜 시음하고 알딸딸해진 상태로 국립미술관에서 그림 감상했던 생각이 난다.
필스너우르켈의 금색 캔과 체코의 빨간 지붕은 환상적으로 잘 어울렸다.
삿포로 맥주를 컵에 따라주고 부지런히 꼬치를 굽던, 작은 주점의 일본 남자, 내가 최고의 맥주라고 극찬했던 보스턴의 사무엘 아담스 맥주까지.

눈 가리고 맥주 맛을 시음하는 도사까지는 아니어도, 다양한 도시의 다양한 맥주 맛을 즐기는 나는 진정 맥주 매니아! (그러나 두 잔 이상은 절대 사양이다. 화장실 가기 번거롭고, 다이어트에 적이므로.^^)

기내에서 만난 사람들

대한항공 승무원 생활 십 년. 퍼스트 클래스의 억만장자 사장님부터 이코노미 클래스의 신생아까지 참 다양한 사람들을 만났다. 그 중에서는 정말 잊을 수 없는 유쾌한 만남도 있었고, 안 만났으면 좋았을 만남도 있었다. 털어놓을 수 없는 비하인드 스토리도 있고, 자랑하고 싶은 이야기들도 있다. 기내에서 벌어진 나의 특별한 '즉석 만남' 이야기를 해볼까?

A 의원님, 저는 신입 승무원이었답니다.

울산으로 가는 국내선 비행기 안에서 A 의원님을 만났다. 마침 2002년 한일월드컵이 끝나고 〈박영선의 사람향기〉라는 책도 읽은 후라서 A 의원님이 옆집 아저씨라도 되는 듯 반가웠다. 마음 같아서는 달려가 악수라도 청하고 싶은 심정이었다.

그러나 어디 일개 조무래기 신입 승무원이 감히 그럴 수 있겠는가. 더구나 선배들은 철없는 내게 의원님은 엄하신 분이라고 겁까지 줬다. 덕분에 나는 악수는커녕 잔뜩 긴장한 채로 모든 기내 서비스를 마쳐야 했다. 다행히 큰 일 없이 무사히 도착지에 닿았다. 비행기가 멈추고, 문이 열리기를 기다리고 있을 때였다. 갑자기 A 의원님이 나에게 먼저 악수를 청하시는 거였다. 그러면서 하시는 말씀!

"어, 사무장! 헤어스타일이 멋있구먼."

의원님의 칭찬에 나는 기어들어가는 목소리로 일단 "감사합니다" 라고 대답했다. 그 순간, 내 옆에 계시던 진짜 사무장님은 당황하신 듯 얼굴이 붉어지셨다.

'나, 입사하자마자 사무장 포스??'

스스로도 적잖이 당황스러웠으나, 어쩌랴. 십년 전에도 지금의 이 얼굴이었으니, 누가 나를 신입사원이라 생각할 수 있었을까.

의원님, 칭찬은 감사했습니다만, 저는 그 날 그 비행기의 막내였답니다.^^

김상중씨, 반갑습니다.

퍼스트 클래스에 탑승할 손님들의 명단을 보던 중 입이 헤~ 벌어졌다. 영화 〈S다이어리〉의 출연 배우들이 대부분 탑승하는 것이 아닌가. 게다가 내가 좋아하는 남자 배우 베스트 10 안에 드는 김상중씨의 이름까지 있는 거였다. 오호, 횡재다.
'김상중씨는 실제로 어떨까? TV나 영화에서는 강하고 다부져 보이던데 진짜 그럴까?' 혼자 상상과 기대를 가득가득 채우고 있었다. 승무원도 사람이라 연예인이 탑승하면 하늘의 별을 보는 듯 신기하고 설렌다. 그런데 한 명의 연예인도 아니고 영화의 출연 배우들 대부분을 한꺼번에 만날 수 있는 데다가 좋아하는 배우까지 덤으로 보다니. 종합선물 세트가 하늘에서 뚝 떨어진 것 같았다.

어라? 그런데 승객 탑승이 모두 끝났는데도 김상중씨가 보이지 않았다. 아무래도 이상해서 다시 좌석을 체크하고 자리 쪽으로 가 보았다.
그런데 어맛! 김상중씨의 좌석에는 김수로씨가 앉아 있는게 아닌가. 알고 보니, 김수로씨의 본명이 '김상중' 이었던 거다.

김수로씨, 반갑습니다! 저 김수로씨도 좋아합니다! ^^

손수건에 받은 배두나 싸인

독특한 자기 색깔을 만들어 가는 배우 배두나를 좋아한다. 예쁜 척하거나 부자연스럽게 꾸미지 않아서 좋고, 사진과 여행을 좋아한다니 더 좋다. 〈고양이를 부탁해〉라는 영화에서 그녀가 보여준 엉뚱한 매력 때문에 처음 좋아하게 되었다. 시간이 많이 흘렀어도 여전히 질리지 않는다. 너풀거리는 치마를 입어도, 생뚱맞은 바가지머리를 해도, 뭘 해도 자기 스타일로 새롭게 창조해내는 그녀의 개성이 재밌다.
그런데 어느 날, 우연히 나리타 공항에서 그녀를 만났다. 도쿄 여행을 갔다가 서울로 돌아오는 비행기를 타려고 대기 중이었다. 마침 개인적인 여행이어서 얼마나 다행이었는지. 제복을 입고 있었다면 그저 멀리서 바라보기만 했을 텐데!
나는 기회를 놓치고 싶지 않았다. 무조건 달려가 사인을 받고 싶었다. 그러나 아뿔사!

아무리 뒤져도 종이 한 장 나오지 않는 거였다. 흰색 면 티셔츠를 입었다면 등짝에라도 사인을 받을 텐데! 옷 상태가 사인을 받을 만한 구조가 아니었다. 머리부터 발끝까지 여기저기를 뒤지다 결국 내가 찾아낸 것은 꼬질꼬질한 손수건 한 장!
염치불구하고 다가가 불쑥 손수건을 내밀며 사인을 부탁했다. 그러자 그녀가 특유의 엉뚱한 표정으로 나를 쳐다보았다.
"여기다가 해드려요?"
나는 그녀의 말이 끝나기도 전에 고개를 끄덕거렸다.
"네, 네, 네! 괜찮아요. 안 빨 거예요."
꼬질꼬질 야릇한 냄새까지 풍기는 손수건을 빨지도 않고 간직하겠다니. 멀쩡하게 생긴 여자가 얼마나 이상해 보였을까? 혼자 기내에 앉아 싸인 손수건을 만지작거리고 있자니 히죽히죽 웃음이 삐져나왔다. 아무려면 어떠랴. 어디에라도 좋아하는 스타의 싸인 한 장 받는 것이 마냥 행복한 나는 평범한 인간인걸. 지금도 내 서랍 어딘가에는 2003년 7월 4일, 엉겁결에 배두나 씨에게 받은 싸인 손수건이 들어 있다. 몇 년째 손수건의 기능 대신 기념품의 기능을 수행하면서. 얼룩이 묻고, 쾌쾌한 냄새가 나는 채로.

 # 웰컴, 지젤리!

상파울루로 가기 위해서는 LA에서 하루 쉬어야만 한다. 인천공항에서 상파울루까지 24시간 걸리는 거리를 꼬박 날아갈 수는 없으니까. 그 휴식의 시간이 내게는 금쪽같다. 책도 보고, 영화도 보고, 사람도 만나면서 다시 일할 수 있는 기운을 얻는다.
어슬렁어슬렁 서점에서 책을 보다가 보그VOGUE 4월호를 샀다. 크리스챤 디올과 불가리의 모델로 유명한 지젤 번천이 표지를 장식하고 있었기 때문이었다. 그녀의 특집 기

사도 실려 있었다. 지젤 번천의 팬으로서 잡지를 그냥 지나칠 수가 없었다.

180센티미터가 넘는 키에, 아기 엄마라는 게 믿기지 않을 만큼 멋진 몸매를 가진 지젤 번천! 어떤 옷을 걸쳐도 척척 소화해내는 그녀의 명품 바디! 나는 또 한 번 그녀에게 매료되었다. 그녀의 몸매를 닮고 싶은 간절한 마음에 잡지 속 그녀를 끌어안고 잠이 들었다.

다음 날 아침, LA공항에서 상파울루로 가는 비행기에 올랐다. 그리고 부리나케 손님 맞을 준비를 하고 있었다. 그런데 놀랍게도 우리 비행기에 지젤 번천이 탑승하는 게 아닌가. 화장도 안 하고 수수한 차림에, 아기까지 안고 있었지만 그녀의 고고한 아우라는 빛이 났다.

탑승을 하던 다른 손님들도 그녀를 알아보고 "지젤리! 지젤리!" 인사를 했다. 브라질 기장님도 얼굴에 함박웃음을 띄우며 기뻐하셨다.

그러나 아무리 그대들의 반가움이 클지라도 나만 할까. 어젯밤 그녀의 잡지 기사를 읽다가 잠들었던 나다. 그녀를 이렇게 만나다니! 나는 비행 내내 기필코 싸인을 받겠다는 의지를 불태웠다. 그리고는 모든 비행을 마친 후, 급기야 보그 4월호를 들고 가서 그녀 앞에 슬그머니 내밀었다. 그녀는 브라질 사람 특유의 호방한 웃음을 짓더니 선뜻 싸인을 해줬다.

그 날 이후로 나는 더욱 지젤 번천에 심취하여, 밤마다 보그지의 지젤 번천 싸인 페이지를 머리맡에 놓고 잠이 들었다. 마치 내가 지젤 번천이라도 된 듯, 나의 키가 십 센티미터쯤 더 커지고, 몸무게가 십 킬로그램쯤 덜 나가는 행복한 꿈을 꾸면서.

이름도 모르는 그 분의 배려

퍼스트 클래스에서 처음 근무하던 날. 지금 같으면 짧은 일본 노선이어서 하나 어려울 것 없는 비행이었다. 그러나 그 때는 너무 떨려 도망가고 싶을 만큼 긴장됐다. 작은 실수라도 해서는 안 된다는 부담감에 나의 몸이 더욱 뻣뻣해졌다. 그러니 오히려 일은 더 꼬여만 갔다.

음료 서비스를 할 때였다. 일본 손님 자리에 샴페인 잔을 올려드렸는데, 그만 바로 바닥으로 떨어져버리는 게 아닌가. 샴페인이 쏟아지자, 눈앞이 노래졌다.

죄송하다고, 허리를 깊이 숙였다. 그리고 바닥에 무릎 꿇고 앉아, 샴페인이 쏟아진 바닥과 손님의 구두를 닦아드렸다. 다행히 일은 그 즈음에서 수습되는 듯 했다. 그러나 한번 꼬이기 시작한 일손은 제자리를 찾지 못했다. 손에서 자꾸 뭐가 미끄러져 떨어지고, 부딪히고, 쏟아졌다. 우당탕탕 두서없이 일하는 나 때문에 다른 동료들까지 애를 먹었다. 몸 둘 바를 몰라 쩔쩔매면서, 손님께서 다 드신 식사 트레이를 들고 갤리로 들어오고 있었다. 그런데 트레이 위에 있던 컵이 또 떨어져 깨졌다. 너무 놀라고 당황해서 허둥지둥 치우고 있었다. 그 때 어디선가 낮은 목소리가 들려왔다.
"오늘 컨디션이 안 좋으신가 봐요!"
고개를 드니, 젊은 남자 손님이 서 계셨다. 키가 훤칠하고 얼굴이 뽀얀 남자였다.
"아, 네. 죄송합니다. 오늘 좀……."
간신히 얼버무리고 갤리로 돌아오는데 나도 모르게 눈물이 핑 돌았다. 함께 일하는 선배가 들어오는 내게 버럭 소리를 질렀다.
"뭐야, 컵 깼어? 바쁜데 왜 그래?"
'흑. 나 때문에 짜증도 나겠지. 에휴!'

고개도 못 든 채 애써 눈물을 꾹 삼키고 있는데, 이까 그 얼굴 뽀얀 남자의 목소리가 들려왔다.
"저기요. 그 컵 제가 깬 겁니다. 그 분은 치워주신 것뿐이에요."
뜨악. 그 한 마디에 나는 기어이 눈물 한 방울을 떨궜다.

'아, 당신은 누구시죠? 천사인가요?'
따라가 묻고 싶었다. 그러나 감사하다는 한 마디 말도 미처 하지 못했다.
이름도 모르는 그 분, 그 때는 정말 고마웠어요! ^^

'수고하셨습니다' 라는 말의 힘

꼬박 밤새고 몽롱한 정신에도 이 말 한 마디면 머리가 맑아집니다.

욱신욱신 쑤시는 허리 때문에 비딱하게 서 있다가도 이 말 한 마디면 곧바로 공손하고 바른 자세로 설 수 있습니다.

바쁘게 식사 준비 하느라 뜨거운 오븐에 덴 상처도 이 말 한 마디면 아무것도 아닌 것으로 여겨집니다.

나와 눈을 맞추며 웃어주시는 당신의 한 마디.

'수고하셨습니다.'

그 말 한 마디면 충분합니다.

그 말 한 마디면 나는, 나보다 다른 사람의 안전이 먼저인 나의 직업을 더욱 사랑하게 됩니다. 어떤 위험한 상황이 오더라도 끝까지 승객을 위해 최선을 다하리라 다짐하게 됩니다.

나는 스튜어디스입니다.

나의 마지막 비행지는 어디가 좋을까

"당신의 마지막 비행은 어디였으면 좋겠어요?"
누군가 묻는다면, 나는 어디를 꼽을까. 지나간 세월을 추억하기에 좋은 곳, 새로운 꿈을 꾸기에 적당한 곳. 평생 한 직장에서 힘든 고비들을 잘 넘기고 마지막 비행을 맞이한 나를 칭찬하고 격려하기에 알맞은 곳. 그 곳은 어디일까.
얼마 전, 정년퇴직하신 우리 사무장님께서는 마지막 비행으로 '프라하'를 선택하셨다. 이제 겨우 십년 차인 나로서는 사무장님의 선택 이유를 명쾌하게 다 짐작할 수는 없다. 한 직장에서 30여 년을 일한다는 것을, 나는 아직 상상하기 힘들다. 그러나 아무리 아파도, 아무리 힘들어도 비행이 있는 날이면 어김없이 말끔하게 차려입고 웃는 얼굴로 비행기에 올랐을 그의 30년 세월. 그 세월과 프라하가 썩 잘 어울린다는 생각이 들었다. 고된 일상의 마침표를 찍기에 프라하는 부족함이 없는 곳이라는 막연한 동의로 고개를 끄덕였다.

2004년, 처음으로 프라하를 비행 했던 날. 공항에서 호텔로 가는 버스 창밖으로 프라하 성의 야경이 펼쳐졌다. 첫눈에 반하는 사랑이 있다면 이런 게 아닐까, 싶을 만큼 프라하의 야경은 내 심장 깊숙이 박혀버렸다. 비타 성당 안에서 무하의 스테인드글라스에 홀딱 반해, 나의 다리는 한 발짝도 뗄 수 없었다. 뜨거웠던 여름, 갑자기 쏟아지는 비를 피해 들어갔던 카페에서 친구와 나는 해가 지는 줄도 모르고 끝없는 이야기를 나눴다. 단풍 물든 까를교 위에서 샀던 딸기 모양의 도자기 목걸이가 아직 내 서랍 안에 있다. 꽁꽁 언 손을 오므렸다 폈다 하면서 돌아보았던 틴 성당. 그 위로 떨어지던 눈. 때로는 단체로 우르르 몰려다니며 가는 곳마다 인증샷을 찍었고, 때로는 있는 대로 말을 늘려가며 셀카를 찍기도 했다. 같은 장소라도 갈 때마다 다른 얼굴을 보여주던 아름다운 도시, 프라하.

그 도시에 서 있는 모든 사람을 공주와 왕자로 만들어버릴 것만 같은 화려한 성들. 건드리기만 해도 주옥같은 러브스토리가 와르르 쏟아져 나올 것 같은 골목길. 다리 위 돌멩이 하나, 카페 의자 하나에도 숨은 사연이 있을 것만 같은 곳. 프라하는 모든 사람을 사랑에 빠지게 만드는 도시다. 머리 희끗희끗한 나이가 되고 마지막 비행기를 타야 하는 날이 다가오면, 나도 프라하로 가고 싶다. 그곳에서 시간여행을 하듯 승무원으로서 보낸 나의 청춘을 위해 축배를 들어야지.

'수고했어, 나영! 훌륭한 승무원이었는지는 몰라도 행복한 승무원이었어.'

갈 때마다 다른 얼굴을 보여주는 프라하처럼,
특별하게, 다채롭게, 나도 날마다 다른 표정을 지을 수 있다면…….

내 맘대로, 여행을 말하는
일곱 가지 방식

초록

볼수록 빠져드는 일본의 빛깔

나의 첫 료칸, **순코소**

일본 하코네 • Hakone

'여관'이라는 말 속에서는 왠지 칙칙함이 묻어난다. 그러나 같은 말을 일본식으로 '료칸'하고 발음하는 순간 머릿속에는 정반대의 그림들이 떠오른다. 김이 모락모락 피어오르는 온천과 억새풀 냄새가 나는 다다미방, 날아갈 듯 편안한 유카타를 입고 정갈한 일본식 정찬 가이세키를 먹는 상상! 그 상상만으로도 일본 료칸 여행은 나에게 로망이었다. 아무 것도 하지 않고, 아무 데도 가지 않고 료칸 안에서만 머물며 푹 쉬다 와도 그 이상의 행복은 없을 것만 같았다.

어느 날 미용실에 앉아, 우연히 펼쳐든 잡지에서 개인 노천탕이 딸린 근사한 료칸 여행 기사를 보는 순간! '가야지, 가야지' 머릿속에서만 꿈꾸던 상상이, 순식간에 '가자!'로 바뀌었다. 마음만은 마치 미용실 문을 박차고 나가자마자 곧장 일본행 비행기에 오를 기세였다. 하지만 현실은 늘 바쁘게 머리를 굴려 계산을 하게 만든다.

잡지에 나온 것처럼 방에 개인 노천탕이 딸린 료칸은 하룻밤 숙박료가 1인당 30만원이 훌쩍 넘는다.

'헉, 개인 노천탕은 쫌 오버지.'

일단 꿈과 기대를 한풀 꺾고 비행 스케줄과 료칸 정보 수색에 들어갔다. 그러나 좋은 정보를 찾아냈다 한들 마음대로 찜할 수도 없다. 승무원에게 일이 아닌 개인 일정으로 주어지는 항공티켓은 부킹을 확신할 수 없기 때문이다. 승객이 다 타고 빈자리가 있을 때만 탑승할 수 있다. 이처럼 늘 '얻어 타는 비행기'로 가야하는 신세인지라, 운이 나쁘면 출발 40분 전에야 갈 수 있을지 없을지를 알 수 있다. 스텐바이 하고 있다가, 비행기에 남은 좌석이 있으면 타고, 없으면 못 타는 것이다. 그러니 혹하는 료칸이 있더라도 미리 예약을 해놓을 수도 없는 상황인 거다. 또 일하는 중간 중간 짬을 내어 다니는 여행이기에 빠듯한 일정상 거리와 교통 여건도 따져야 했다.

고민 끝에 하코네 료칸으로 결정! 3박4일 도쿄여행에서 하룻밤을 하코네 료칸에서 묵

기로 했다. 료칸에서의 하룻밤이라니! 생각만으로도 가슴이 벅찼다. 급한 마음에 장소만 정하고 일단 출발. 가보면 답이 나오겠지, 하는 마음으로 무작정 떠났다.

하코네 유모토 역에 도착해, 인포메이션 센터에 들러 1만엔 정도의 료칸을 소개해 달라고 했다. 일본도 경기가 좋지 않아, 문 닫은 료칸이 많았다. 센터 직원은 여기저기 전화를 해보더니 '순코소'라는 료칸을 소개해 주었다.

약도를 보며 어렵게 찾아간 순코소 Shunko-so는 한가하고 고요한 곳이었다. 마을도, 사람들도, 료칸도 조용하고 깔끔하고 반듯했다.

다다미방에 들어가자, 기모노를 입은 여주인이 방으로 들어와 절을 했다.

'아니, 이런! 뭘 이렇게까지!'

나는 엉겁결에 엉거주춤한 자세로 맞절을 했다. 그러자 여주인은 일본말로 뭐라고 뭐라고 길게 말했다. 하지만 내가 알아들은 말은 마지막 한 마디뿐.

"요로시쿠 오네가이시마스.(잘 부탁드립니다.)"

깍듯한 그들의 서비스에 몸 둘 바를 몰랐다. 일본식 무한 감동 서비스에 놀라며, 우선 온천욕 장소로 향했다. 그런데 아뿔싸. 유카타로 갈아입는 것을 깜빡했다. 티셔츠에 청바지 차림으로 온천탕을 찾은 사람은 나뿐이었다. 여주인이 옷을 갈아입고 나오라는 말을 했을지도 모르지만, 못 알아들은 걸 어쩌랴. 나는 배시시 웃으며 도로 방에 들어가 유카타를 입었다.

몸을 옥죄는 모든 것들을 풀어내고 유카타를 걸치자, 그렇게 홀가분하고 시원할 수가 없었다. 살짝살짝 민망함에 옷깃을 여미게 되는 점만 빼면 참 좋은(?) 의상이었다.

일본 사람들은 여관 안에서 유카타 입고 게다 끌며 돌아다니는 습관이 있어서, 외국 호텔에서도 목욕 가운만 입고 실내 슬리퍼를 끌며 돌아다니더라는 이야기를 들은 적이 있다. 그 이야기를 들었을 때는 그들의 어리석은 행동에, 피식 웃음이 나왔던 것 같다. 그러나 일본의 료칸에서는 청바지 입고 목욕하러 가는 나의 행동이 어리석게 비춰졌으리라. 문화의 차이란 때로 멀쩡한 사람을 바보로 만들기도 한다. 그러나 '그들처럼' 따라하다 보면 어느새 서로에 대한 이해가 생긴다. 여행은 '차이'를 '이해'로 바꾸어 주는 재주가 있다.

대나무로 둘러싸인 노천탕에서 목욕을 하고 나와 한 상 잘 차려진 가이세키를 받았다. 능숙한 손놀림으로 차려진 예쁜 일본식 밥상이었다. 그러나 이건 도대체 뭘 먹으라는 건지 원!

회 두어 쪽, 버섯 한 쪽, 호박 한 쪽, 새우 한 마리가 전부였다. 이 나라의 장정들은 이걸 먹고 어떻게 나라를 지키고, 경제를 살린담? 아님 여자라고 차별하시나? 뭐든 양으로 승부하는 나에게는 야속하기 짝이 없는 밥상이었다. 빈 젓가락만 아쉽게 빨다가 마지막으로 오차즈케에 손을 뻗었다.

녹차에 밥 말아 먹는 이 야릇한 음식 오차즈케! 요즘은 한국에도 1회용 즉석 제품으로까지 나와 있다고 한다. 술 먹은 다음 날 해장용으로 오차즈케를 즐긴다는 사람들도 있다. 그러나 오차즈케와 나의 첫 만남은 비호감 이성과 어색한 맞선 자리에 마주앉은 듯 썰렁했다. '얘, 뭐니?' 하는 시선으로 오차즈케를 쏘아보다가, 마지못해 의무감에 먹었다. 녹차에 밥 말아먹는 참맛은 아무래도 초보에게는 난해하기만 했다. 여러 번 자꾸 겪어봐야 정이 들겠다.

식사 후에 잠시 동네를 산책하다가 방으로 돌아왔다. 이미 방에는 정갈하게 이부자리가 깔아져 있다. 침대생활을 하면서부터는 방바닥에 이부자리가 깔렸을 때의 행복감을 잊게 되었다. 어렸을 때, 하루 종일 어지럽혔던 방을 누군가 말끔히 닦아놓고 이부자리를 펴면 데굴데굴 뒹굴며 좋아했었는데! 다다미방에서 만난 이부자리의 감동은 료칸만의 매력이 아닐까 싶다.

대나무 사이로 스스스 지나가는 바람소리를 들으며 깨어나는 아침. 끈적끈적 무더운 7월을 까맣게 잊을 만큼 다다미방에서의 하룻밤은 쾌적했다. 다른 사람들에게 피해를 주지 않으려는 듯 어디서나 소곤소곤 대화를 나누는 일본 사람들의 모습도 나를 기분 좋게 만들었다. 조용한 집과 바람에 흔들리는 대나무 소리로 기억되는 나의 첫 료칸 체험.

료칸은 단순한 숙박시설이 아니라 하나의 문화라는 말의 의미를 알겠다. 가장 일본다운 문화를 느끼고 싶다면 떠나라, 료칸을 찾아서!

나리타에서 보내는 하루

일본 나리타 • Narita

KE 001/002는 우리가 일본에서 낮 시간을 보낼 수 있는 유일한 비행스케줄이다. 인천에서 LA로 갈 때 경유하게 되는 나리타. 이곳에서 승무원이 교대하기 때문에만 하루의 개인 시간을 가질 수 있다. LA에서 인천으로 돌아올 때도 나리타에서 하루를 보낸다. 나리타에서 보내는 하루는 짧지만 특별하다. 짧기 때문에 아쉽고 그래서 더 바쁘기도 하다.

일단 호텔에 짐을 풀고 나면 부랴부랴 달려가는 단골집이 있다. 끝내주는 일본 라면집! 승무원들이 나리타에서 하루를 보내게 된다면 거의 매번 빠지지 않고 들르는 필수 코스다. 스르륵 미닫이문을 열고 들어가면 나리타에 체류하는 여러 항공사의 승무원들이 자리를 가득 메우고 있다. 모두들 라면 그릇에 코를 박고 후루룩 후루룩 열심히 먹는다. 흰 눈 내리는 겨울이면 나리타의 라면 생각이 더욱 간절해진다. 라면 한 그릇에는 출출한 허기를 달래주는 것 이상의 위로가 담겨 있다.

'힘들었지? 얼른 앉아 먹어.'

언제고 불쑥 찾아가도 늘 같은 자리에서 나를 반겨주는 사람. 어깨를 토닥여주는 누군가의 따뜻한 손길. 그곳에는 위로가 담긴 라면 한 그릇이 언제나 나를 기다리고 있다. 늘 변함없이 그 자리에 있다는 것은 그 자체만으로도 믿음과 애정을 갖게 만든다. 북적이는 사람들 틈을 비집고 앉아, 나도 쇼유 라면과 교자, 그리고 생맥주를 한 잔 시킨다. 시원한 맥주를 홀짝이면서 바쁘게 일하는 주인들을 바라본다. 아버지와 아들이 빠른 손놀림으로 척척 라면을 삶아내고 교자를 굽는다.

내가 십 년 동안 같은 하늘길을 수백 번씩 날아다니는 동안 그들도 수천, 수만 그릇의 라면을 끓였겠지. 가끔은 그들도 일하기 싫어 도망가고 싶기도 할 거야. 때로는 당장 가게 문을 닫아걸고 라면 끓이는 일을 멈추고 싶었을지도 몰라. 내가, 어떤 날은 당장이라도 비행기에서 내려 아무도 없는 곳에 숨어버리고 싶었던 것처럼. 하루 종일 발이

퉁퉁 붓도록 동동대며 좁은 가게 안에서 라면 끓이는 일로 평생을 바치는 게 죽도록 싫은 날도 있을 거야. 그래도 변함없이 아침이면 가게 문을 열고 라면을 끓여야 하는 하루하루. 내가 아무리 오늘만은 날기 싫어, 외쳐도 스케줄이 있으면 비행기에 올라타야 하는 것처럼.

그래, 그게 바로 업이지, 생업. 밥벌이란 그런 것. 지겹다고 안 할 수 없고, 하루 이틀하다가 말 수도 없는 것. 20년, 30년, 혹은 평생토록 같은 일을 해온 사람들을 보면 울컥 눈물이 날만큼 존경심이 생긴다. 이제 겨우 난 10년밖에 못했는데, 10년 하고도 때로는 내가 언제까지 이 일을 계속 해야 할까, 놀고먹을 다른 방법은 없나 얌체 같은 궁리를 하게 되는데……. 꾀부리지 않고, 엄살 부리지 않고 묵묵하게 자신의 일을 해낸다는 것은 참 위대하다. 그것이 설령 라면 한 그릇을 끓이는 일이더라도.

대를 이어가며 라면 끓이는 일을 하는 사람들에 대한 존경심 때문인지 라면 맛이 더 특별하게 느껴진다.

라면으로 빵빵하게 배를 채우고 나면, 낯익은 거리들을 산책한다. 성전사를 한 바퀴 돌고, 늘 그 자리에 서 있는 그릇가게와 반찬가게, 과자가게들을 들러본다.

몇 년 전, 내가 산 간장 종지 몇 개를 신문지에 곱게 싸서 봉투에 담아주시던 주인 할머니에게 반해, 나리타에 갈 때마다 꼭 들르는 그릇가게가 있다.

"할머니, 이 노리다케 커피잔 사고 싶어요. 한국에서는 너무 비싸요"

잡지에서 오린 사진을 보여드리며 부탁하면, 할머니는 내가 LA에 다녀오는 동안 어디선가 똑같은 그릇을 구해다 놓으신다. 요술쟁이 같다.

"이거 맞지?"

흐뭇하게 웃으시면서.

할머니께 부탁하면 무엇이든지 구할 수 있을 것만 같다. 근사한 남자 사진을 보여드

롯데리아 새우버거.

리고 똑같은 사람을 원한다고 부탁해도 며칠 뒤면 내 눈 앞에 턱하니 내놓으실 것 같다. "네가 원한 사람이 이 사람 맞지?" 하면서.^^

나리타의 골목길을 산책할 때 빼놓을 수 없는 것 가운데 또 하나는 오방떡이다. 흰 팥과 검은 팥이 들어 있는 오방떡을 한 봉지 사들고 먹다보면 중학생 꼬마로 돌아간 듯하다. 학교 수업이 끝나자마자, 손에는 늘 무언가 먹을 것을 들고 재재재재 새처럼 재잘대던 그 시절. 먹는 것도, 수다도 지칠 줄을 몰랐다.

서른 살의 내가 무엇이 되어 있을지 상상할 수 없었던 그 때, 내 입맛은 지금도 그 때를 기억하고 있다. 그 때의 군것질거리에도 오방떡처럼 따끈하고 달콤하고 부드러운 맛이 들어 있었다.

LA에 갔다가 돌아왔을 때도 할 일이 많다. 우선 롯데리아에 가서 새우버거를 사 먹는다. 일본 롯데리아의 새우버거는 특별히 더 맛있다. 새우살이 톡톡 터지는 버거를 한 입 배어 물어야 아, 내가 또 나리타에 왔구나 실감하게 된다.

그 다음에는 아기자기한 팬시 제품과 화장품, 그리고 바느질용품들을 구입한다. 모두들 안 어울린다고 비웃지만, 나에게는 오래된 취미가 있다. 바로 지극히 여성스러운 취미, 바느질이다.

긴 긴 동짓날 밤이 아니어도, 잡생각으로 머릿속이 복잡할 때 바느질만큼 좋은 게 없다. 살다보면 아무리 머리를 쥐어짜도 뾰족한 수가 없을 때가 있다. 내 힘으로는 도저히 어쩔 수 없는 일을 만났을 때. 그럴 때는 오히려 그 문제에서 한 발짝 벗어나는 게 수다. 다른 데 집중함으로써 그 문제를 잊어버리고 정신을 쉴 수 있게 놓아주면, 오히려 엉뚱한 곳에서 문제의 실마리가 풀리기도 한다. 설령 문제가 해결되지 않더라도 내 마음이 그 문제를 내려놓을 수 있게 된다. 늘 마음이 문제일 때가 많기 때문에 마음이 비워지면 문제가 절반은 해결된 셈! 바느질이야말로 머릿속 복잡하신 분들에게 강추다.

그리하여 바느질을 사랑하게 된 나는 급기야 골무, 바늘, 휴대용 반짇고리 등을 수집하는 취미까지 갖게 되었다. 나리타에서 보내는 하루 동안은 나의 취미생활에 흠뻑 빠질 수 있다. 물론 늘 짧고 아쉽기 마련이지만 행복하다.

닛뽄 스타일의 패브릭까지 장바구니에 담고 나면, 수퍼마켓으로 장보러 간다. 스시나 사시미, 소스, 와사비, 치즈 붙은 오징어포, 과자와 맥주, 과일까지 사서 호텔로 돌아온다. 나리타에서 머무는 동안 어디 마땅하게 식당을 찾아 나서기 힘들다면 마트에 들러 장을 보시라. 현지인들과 뒤섞여 이것저것 장보는 재미도 나쁘지 않다.

인천으로 돌아가는 날 점심에는 승무원들 사이에서 '기사식당'이라고 부르는 마쓰바라 Matsubara로 간다. 호텔에서 조금만 걸어 내려가면 붉은색 지붕에 오래된 간판이 걸린 집 한 채가 나온다. 그 곳이 바로 승무원들의 기사식당이다.

각자 자신이 주문한 음식만을 먹는 외국인들과는 달리 우리는 여러 가지 음식을 시켜 놓고 함께 이것저것 나눠먹는다. 처음에는 이상하게 생각하더니, 요즘은 숟가락이 필요한 음식이 하나뿐이어도 인원수대로 숟가락을 갖다 준다. 나와 다른 습관과 취향을 가진 손님이라도, 그가 손님이라면 기꺼이 웃으며 맞춰주는 일본 사람들. 언제나 예의 바르고, 깔끔하고, 팁이 없어도 성심성의껏 일하는 그들. 나리타에서 보내는 하루 동안 나는 그들에게서 변치 않는 친절과 배려를 배운다.

바쁜 보딩 시간에 자꾸 담요를 달라고 보채는 손님을 만나더라도, 착륙 시간이 얼마 남지 않아 식사트레이를 빨리 걷어야 하는데도 음식을 야금야금 먹으며 커피를 더 달라고 하는 손님을 만나더라도 나는 웃어야 한다. 그들이 나의 손님이기 때문에. 평생 단 한번을 마주치더라도 나의 친절과 배려가 진심이라면 그 손님은 나의 서비스를 기억할 것이다. 나리타에서 내가 그렇듯이.

시식의 천국, 일본

일본 후쿠오카 • Fukuoka

시식만으로 굶지 않고 살 수 있는 나라. 깨끗하고 단정한 옷 한 벌만 있다면 꿀리지 않고 당당하게. 캬옷!
당신이 주머니 사정은 빡빡하고 배는 자주 고픈 젊은 여행자라면 무조건 백화점 지하로 갈 것. 먹을 것이 무궁무진하다.
맹세컨대, 나는 정말 배고파서라기보다는 경험 삼아 먹어본 것뿐이지만.^^

'이게 뭐지?'하는 표정으로 고개를 갸우뚱하고 쳐다보면 점원이 먹어보라며 상냥하게 음식을 권한다.
일단 오징어튀김을 하나 입에 넣어본다. 삼키기가 무섭게 고구마튀김도 먹어보라며 집어준다. 맛은 한국하고 똑같다. 빵집으로 가서 바구니에 담긴 다양한 빵들을 먹어본다. 목이 마르다. 바로 앞 녹차 가게에서 시음하고 있는 아주머니들 틈에 껴 녹차도 마신다. 좀 쓰다.
젊은 남자 직원이 나를 손짓으로 부른다. 찐빵을 먹어보란다. 어머나? 특이하게 빵 사이에 돼지고기가 들어있다. 그 옆 가게에서 교자를 먹는다. 치사하게 반으로 자르지 않는다. 통째로 하나 다 먹어보라고 준다. 이거 내가 좋아하는 건데! 음, 역시 맛있다. 맛밤도 먹어보란다. 먹으라면 먹어야지! 헤헤~
일본 사람들은 무슨 반찬 먹나, 둘러보다 명란젓을 먹어본다. 내친김에 멸치볶음과 꽁치조림과 짠지도 먹어본다. 이것저것 사가고 싶어도 한국 검역에 걸리니까 아쉽게 패스.
망고 젤리를 먹으면서 가격을 보니 하나에 천원. 환율이 무섭긴 무섭다. 공짜 시식만 해도 돈 버는 거다 싶어서, 냉큼 메론맛 젤리와 매실맛 젤리도 먹는다. 3000원 벌었다.

공짜로 먹기만 하는 게 미안해서 사실 젤리 정도는 좀 사갈까 했다. 그러나 젤리 두 봉지 때문에 배낭을 비행기 카고로 부쳐야 하는 상황이라, 살짝 귀찮아져서 또 패스.

이제 디저트를 먹어보실까나? 포트넘 앤 메이슨 FORTNUM & MASON이 있다. 아이스티와 케이크를 나누어준다. 일본 아주머니들이 케이크를 입에 넣고 오물오물거리며 "오이시이~"를 외치고 있었다. 일회용 접시와 포크까지도 앙증맞다.

가게를 나오는데 또 여기저기서 자기네 음식을 먹어달라며 아우성이다. 어느 새 시식 음식만으로 배가 찼다. 이제부터는 아무거나 먹지 않겠다. 나 쉬운 여자 아니라구! 이런 걸 보고 '배가 불렀구나' 라고 하는 거겠지.^^

이제 커피 생각이 난다. 일본인들에게 사랑받는 UCC 매장으로 간다. 점원은 내 앞에 시음용 커피를 새로 내려 컵에 따라준다. 부드럽게 입가심까지 마치고 유유히 백화점을 나온다.

공짜로 한 끼 잘 때웠다.

향기로운 그 집, 플로라 하우스

일본 유후인 • Yufuin

3월이었다. 서울은 아직 쌀쌀했지만, 후쿠오카에 가면 하얀 벚꽃이 피어났겠지, 싶어 봄 마중을 떠나기로 했다. 밤샘 비행을 마친 후 비행 가방만 택배로 먼저 집에 보냈다. 그리고 나는 서둘러 후쿠오카로 날아갔다.

그러나 봄을 기다리는 나의 마음이 너무 앞선 것일까. 후쿠오카에는 벚꽃은커녕 칼바람이 불고 비까지 내렸다. 우산 살 곳도 마땅치 않았다. 할 수 없이 비를 줄줄 맞으면서 물어물어 예약해둔 호텔을 찾아 갔다. 밤샘 비행에 비까지 맞았더니, 정신이 오락가락 했다. 아무리 여행도 좋고, 봄 마중도 좋다지만 일단 정신을 차리려면 좀 자야 할 것 같았다.

'그래, 잠깐만 눈 붙이고 일어나야지.'

꿀맛 같은 단잠을 자고 깨어나 보니, 15시간 후! 나, 여기 왜 온 거니? 허탈했다.

그러나 잃어버린 하루를 되찾기 위해서는 더 열심히 움직여야 할 터. 부랴부랴 버스터미널로 가서 유후인으로 가는 버스에 올라탔다.

료칸보다 저렴하고 이름도 어여쁜 '플로라 하우스'를 찾아갔다. 언젠가 우연히 어떤 블로그에서 플로라 하우스를 발견했다. 이름만으로는 무슨 레스토랑인가 카페인가 싶었다. 그러나 플로라 하우스는 온천이 있는 숙소였다. 착한 가격, 아담한 정원에 온천까지! 마음에 쏙 들었다.

'나중에 유후인에 가게 되면, 꼭 이곳에서 하룻밤 자야지.'

벼르고 벼르던 일이 드디어 이루어지게 된 것이다. 버스를 타고 논두렁 밭두렁을 지나자, 마치 시골 외갓집을 가는 듯했다. 내가 들어서면 버선발로 뛰어나와 나를 안아줄 피붙이가 기다리고 있을 것 같은 따뜻함. 시골 풍경만으로도 낯선 일본 땅이 정겹게 여겨졌다.

플로라 하우스에는 삼대가 살고 있었다. 할머니는 옷감을 짜고, 며느리는 꽃을 가꾸

었다. 탤런트 이영애의 팬이라는 할아버지와 그 집의 아들은 오붓하게 숙소를 관리했다. 그리고 저녁이면 온천 한 곳을 차지하고 목욕을 하는 손자들이 있었다. 오랜 세월 이곳에서 나그네의 쉼터가 되어준 집과 사람들이 묘하게도 닮아 가고 있었다. 소박하고 고요하게 살아가는 그들의 모습에서 행복한 향기가 흠씬 묻어났다.

3월인데도 다다미방 안에는 아직 코다츠가 놓여 있었다. 일본 가정집에서는 추운 겨울이면 코다츠를 애용한다. 코다츠는 테이블 위에 전기담요 같은 것을 덮고 그 밑으로 난방이 되게 만든 제품이다. 겨울에 코다츠 밑에 다리를 펴고 앉아 있으면 뜨끈뜨끈한 게 그렇게 좋을 수가 없다. 이불 깔아놓은 아랫목에 앉아 있는 것처럼. 따뜻한 테이블 코다츠 앞에 앉아 차도 마시고 책도 읽고 영화도 보면 긴긴 겨울밤이 하나도 지루하지 않을 것만 같다. 갑자기 만화영화 〈못 말리는 짱구〉에서 짱구네 식구들이 코다츠 밑으로 다리를 밀어 넣고 앉아 떠들던 장면도 떠올랐다.

서로의 무릎을 맞대고 앉아 온기를 나눈다면, 처음 만난 사이라도 금방 친구가 될 수 있으리라. 나도 작은 접이식 코다츠 하나 사야지, 그래서 추운 겨울 코다츠 밑에서 발 장난을 하며 친구와 함께 노란 군고구마를 호호 불어 먹어야지. 생각만으로도 마음이 훈훈해졌다.

산책을 하러 나가겠다고 하니까 주인 할아버지께서는 자전거를 한 대 빌려주셨다. 자전거 자물쇠를 끄르는 열쇠고리에는 낡은 이영애 사진이 매달려 있었다. 나도 모르게 후후, 웃음이 나왔다. 할아버지의 자전거를 빌려 타고 유후인의 거리로 내달렸다. 쌀쌀한 날씨의 평일이라 그런지, 관광객은 대부분 일본인들이었다. 익숙한 동네인 것처

럼 자전거를 타고 여기저기 다니니까 나도 이방인처럼 느껴지지 않았다. 휴대전화도 꺼놓고, 자유롭게 골목길을 쏘다니는 기분! 나는 마치 열두 살로 돌아간 듯 했다.

바쁘고, 빠르고, 복잡한 세상에서 우리는 점점 급하고, 욕심 많고, 신경질 잘 부리는 사람이 되어간다. 그러나 유후인에서 나는 너그럽고 순한 사람이 될 수 있을 것 같다. 호수와 풀과 옹기종기 모여 있는 작은 가게를 닮은 사람. 조그만 온천이 있는 시골집에서 착한 하숙집 아줌마로 살아가도 좋겠다. 자전거 페달을 씽씽 밟자, 바람을 가르며 비에 젖은 흙냄새가 훅 날아왔다. 한 골목만 지나면, 어릴 적 시골 외할머니 댁이 나올 것만 같았다.

다음 날 새벽, 플로라 하우스의 할아버지께서는 비행기 시간 때문에 일찍 나가야 하는 나를 터미널까지 데려다 주셨다. 할아버지의 자동차 열쇠고리에도 오래 전의 이영애 사진이 붙어 있었다. 언젠가 꼭 이곳에 다시 오게 된다면, 할아버지의 열쇠고리 사진을 바꿔드려야겠다. 꾸벅, 감사의 인사를 드리는 내게 할아버지는 작은 병아리 모양의 과자를 손에 쥐어주셨다. 병아리 과자에서 나는 달콤한 향기가 코를 간질였다.

p.s 2010년 여름, 다시 찾은 플로라 하우스. 이곳에만 시간이 비껴간 듯 하다. 할아버지의 이영애 열쇠고리는 바뀌었으나 흰 속옷차림으로 마당을 쓸던 할아버지 모습은 여전했다. 변하지 않고 제자리를 지키는 것들이 참 좋다.

푸른 숲속 새하얀 미술관

일본 아오모리 • Aomori

꼭두새벽부터 저절로 눈이 떠졌다.
'자, 어서 떠나야지! 새하얀 미술관으로! 나라 요시토모를 만나러!'
주섬주섬 가방을 챙겨 나왔다. 우선 카페에 들어갔다. 부드러운 카페라떼와 통후추, 파슬리가 송송 뿌려진 샌드위치로 에너지 충전! 나는 뽀빠이가 시금치 통조림을 삼키

듯 우적우적 샌드위치를 씹으며 미술관으로 향했다.

푸르다는 뜻의 아오이, 그리고 숲이라는 뜻의 모리.

그곳 아오모리는 이름에서부터 휘파람 소리가 나는 것 같다. 진짜 푸른 숲에서 휘이, 휘이 바람소리가 흘러나오는 것처럼.

몇 해 전, 나라 요시토모의 고향이 바로 아오모리라는 것을 알게 되었다. 나라 요시토모는 내가 좋아하는 캐릭터 '나라'를 만들어낸 아티스트다. '요시토모 나라와의 여행'이라는 다큐를 본 뒤 급호감 모드로 바뀌었다. 덥수룩한 머리, 털털한 차림새에서도 어찌나 아티스트의 분위기가 철철 넘쳐주시는지!

그의 캐릭터 나라도 마찬가지다. 잔뜩 노려보는 눈빛이 만만치 않다. 마냥 천진스럽지 않아서 좋고, 누구에게도 밟히지 않을 것 같아서 좋다. 그러나 가시를 잔뜩 세운 고슴도치처럼 쏘아볼 때면 가끔 슬퍼 보인다. 하나같이 착한 가면을 쓴 가짜 천사들 세상에서 진짜 얼굴과 진짜 표정을 가진 것 같아 좋다.

버스를 타고 도착한 곳. 하얀 눈밭 위에 미술관은 덩그러니 혼자 서 있었다. 새하얀 눈밭 위에 세워진 새하얀 미술관. 거대한 순백색의 아오모리-켄(개) 설치물까지. 모두 하얀 이곳의 모습은 주변의 자연과 꼭 닮아있었다.

예술은 자연과 조화를 이룰 때 가장 빛나는 게 아닐까. 바람에 실려 오는 피아노 소리, 저녁 햇살을 받으며 서 있는 조각품, 비 내리는 밤의 시 한 편, 그리고 흰 눈밭 위의 하얀 미술관. 작은 시골마을에 이런 미술관을 설계한 사람은 아마도 자연에 대한 이해가 뛰어난 사람일 것이라는 생각이 들었다.

흰 바탕 위에 서 있자니, 들떠 있던 마음이 차분하게 가라앉았다. 내 존재까지도 예술의 일부가 되어 작품 안으로 걸어 들어가는 듯 했다.

지하 미술관으로 내려가는 엘리베이터에서부터 차츰 조명이 어두워졌다. 관람객의 눈이 지하 조명에 익숙해지도록 돕기 위한 배려.

미술관에서 내가 처음 만난 그림은 샤갈의 작품이었다. 그의 걸개그림은 천장이 높은 방에서 바퀴달린 의자를 뱅글뱅글 돌려가며 특별하게 감상해야 했다. 워낙 거대한 그림이기 때문에 보는 순간 사람을 압도하는 힘이 있었다. 그림 속으로 빨려들어 갈 것만 같았다. 작은 도판에서는 느낄 수 없는 힘이었다. 간단하게 느낌을 적어보려고 볼펜과 수첩을 꺼내자, 직원 한 명이 재까닥 다가왔다. 그리고는 볼펜은 안 된다며 연필을 내주는 게 아닌가.

'아, 예······.'

살짝 꼬리가 내려졌다. 조용히 그림을 감상할 수 있도록 세심하게 도우면서도, 철저

하고 엄격한 규칙을 지켜내는 그들. 예술을 존중하고 보호하려는 그들의 마음 씀씀이가 놀랍다.

샤갈의 작품을 지나자, 나라 요시토모 컬렉션이 나왔다. 전시장은 매우 다채로웠다. 나라 요시토모의 어릴 적 습작과 일기장, 실제 작업실까지도 재현시켜 놓았다. 골이 잔뜩 나 있는 나라, 퉁명스럽게 한 마디 쏘아붙일 듯 뾰로통한 나라. 참 단순하고 기형적으로 생긴 이 아이의 표정 속에 수많은 말들이 들어 있다. 보는 이에 따라 전혀 다르게 들리는 말이다. 베토벤이 음악을 통해 타인에게 말을 걸고, 고흐가 영혼이 담긴 그림으로 말을 걸듯이 나라 요시토모는 나라를 통해 타인에게 말을 건다. 혼자 걷는 내내 나라가 따라다니며 쫑알대는 것 같았다. 내가 듣고 싶던 위로의 말을 하기도 했고, 핀잔을 주기도 했다.

아마 예술은 그런 건가 보다. 다른 누구도 알지 못하는 영혼의 소통, 비밀스런 대화. 자신에게 오직 빵 두 쪽뿐이더라도, 누군가는 하나를 팔아 히야신스를 사겠다고 했다. 위를 채우는 빵보다는 영혼을 살찌우는 히야신스를. 그것이 바로 예술의 역할이겠지.

나는 오늘 낯설고 먼 이곳까지 날아와 쌈짓돈을 털어 영혼을 살찌웠다. 추위와 허기에 시달리다가도 뜨끈한 국밥 한 그릇이면 세상을 다 얻은 듯 풍요가 찾아온다. 푸른 숲이라는 이름을 가진 동네에서, 내 영혼을 살찌게 해준 새하얀 미술관을 돌아 나오며, 나는 한없이 풍요로워졌다.

사과향기 나는 **고마키 온천**

> 일본 아오모리 • Aomori

진한 사과향기가 그립다면, 아오모리로 가자. 느릿느릿 완행열차의 차창 밖으로 펼쳐지는 바다와 풍차와 눈 쌓인 산을 보고 있노라면, 어느새 향긋한 사과향기가 피어나는 곳에 닿게 될테니. 그곳이 바로 고마키 아오모리야 료칸이다.

료칸 로비에 서면 웰컴 드링크로 뜨거운 사과주스를 마실 수 있다. 뜨겁고 새콤달콤한 맛은 피로와 긴장을 누그러뜨린다. 널찍한 다다미방의 창문을 열면 나이 든 소나무들이 보인다. 청량 사이다처럼 톡 쏘는 공기를 마음껏 들이마시려고 콧구멍을 있는 대로 넓혀보기도 한다. 몸속에 쌓인 노독이 어느새 움찔움찔 물러난다.

해가 지고 어둑해졌다. 능숙한 솜씨로 유카타를 갈아입고 부다다다~ 노천탕으로 뛰어간다. 뜨거운 물속에서 몸은 노글노글, 얼굴은 차고 탱탱해졌다. 뜨거움과 차가움을 동시에 즐기다 보면 내 몸은 어느새 모든 불순물을 토해내고 맑아진다. 그러니 나는 내 몸을 살아나게 하는 이 노천탕을 사랑할 수밖에 없다.

완전히 어두워질 때까지 나는 노천탕에서 놀았다. 하늘 한번 쳐다보고, 물 한번 쳐다보고, 진한 사과주스 한 모금 마시며 놀았다. 다른 것은 아무 것도 하지 않았다. 그냥 노는 데도 시간은 잘도 흘렀다. 밤하늘에는 어느새 별이 총총 빛났다.

때로 자야할 시간에 잠 못 자고 일하기도 하고, 답답한 화장을 오랜 시간 못 지운 채 일하기도 한다. 세계 각국 대표의 오색창연하신 성질머리에도 방긋방긋 웃어주느라 입가에 경련이 일기도 한다. 그럼에도 불구하고 십년 동안 쉬지 않고 같은 일을 할 수 있었던 건 아무래도 짧지만 꿀맛 같은 이 휴식 때문이 아닐까.

일 없는 휴식이나 휴식 없는 일, 둘 다 재미없고 지친다. 휴식과 일은 서로를 가치 있게 만들어 주는 중요한 관계다. 그러니

오늘, 고된 노동 끝에 찾아온 나의 호사스런 휴식에 대해 아무도 태클 걸지 마시라. '중간만 가자'를 삶의 모토로 허허실실 살던 나지만, 소나무향과 사과향이 어우러진 이 고마키 아오모리야의 노천탕을 양보할 생각은 없으니. 눈부시도록 쏟아져 내리는 저 밤하늘의 별들에게조차도.

p.s 아침 식사로는 아오모리의 센베시루를 드셔보세요.
맑은 다시국물에 적당히 구운 특제 센베를 넣어 만들었어요.
'녹차에 밥을 말아먹지를 않나, 국에 과자를 넣어먹지 않나, 당최!'
그러나 마음을 열고 Try~
고정관념을 깨면 새로운 맛의 세계가 열립니다!

요술공주 **밍키**처럼

일본 교토 • Kyoto

내가 제일 좋아하는 은정이랑 지혜랑 오사카 여행을 떠나기로 했다. 각자 항공권을 준비하고, 셋이 한 방을 쓸 수 있는 민박집을 예약하고, 체류비 통장에서 달러를 찾아두었다. 여행을 하겠다고 마음을 먹고, 준비를 하는 순간부터 여행의 시작이다. 그 때부터 이미 설렘이 시작되니까.

비슷한 시간에 비행을 마친 우리는 "야훗!" 비명이 터져 나오려는 것을 간신히 누르며 후다닥 옷을 갈아입었다. 제복을 벗는 순간, 나는 여행객으로 변신한다. 요술공주 밍키처럼 마법 지팡이는 없지만, 짜잔~! 둔갑술을 부린다. 우리가 더 이상 승무원이 아니어도 된다는 사실이, 다음날은 비행도 없다는 사실이 우리를 흥분케 했다.

간사이 국제공항에 내렸다.

"오사카, 나라, 고베, 교토 다 돌아주겠어!!"

우리는 잔뜩 욕심을 부려 '간사이 쓰루또 패스'를 샀다.

도돔보리 거리를 깔깔대며 활보하는 재미에 시간가는 줄 몰랐다. 대부분의 관광객이 그렇듯 가는 곳마다 뻔한 인증샷을 찍어댔다. 몇 년 째 달리기만 하고 있는 글리코 상

앞에서도, 커다란 게 간판 밑에서도 우리는 추억 만들기에 열을 올렸다.
가끔은 우리를 일본인으로 착각하고 접근하는 서양인들에게 흔쾌히 사진 모델이 되어 주기도 했다. 일본 말도, 한국 말도 최대한 자제하면서! ㅎㅎ
좁은 샤워실에서 돌아가며 씻어야 했어도 행복했다. 코니텔 앞 도토루에서 커피와 토스트 하나를 사먹어도 맛있었다. 여행은, 그곳이 어디든 마음 편한 사람들과 함께라면 언제나 즐겁다. 특별한 것을 하지 않더라도, 특별한 것을 먹지 않더라도.
우리는 교토에서 많은 시간을 보냈다. 교토는 우리의 천년 고도 경주 같은 동네다. 그곳에서 우리가 가장 먼저 간 곳은 청수사(기요미즈데라)였다. 청수사로 가는 길이 마치 학교 가는 길 같았다. 나지막한 언덕길을 따라 사람들은 북적대며 모두 한 곳을 향해 걷고, 길 양쪽에는 분식십과 문방구 같은 작은 가게들이 나란히 서 있었다. 먹는 데는 결코 빠지는 법 없는 우리는 집집마다 들어가 시식을 해보기도 하고, 동전지갑이나 거울 같은 자질구레한 것들도 샀다.
돌아가면 딱히 쓸모가 많지는 않을 테지만, 문방구에서 자질구레한 것들을 사 모으는 재미를 아는 사람은 알 것이다. 특히, 정원이 딸린 집을 고쳐 만든 그릇가게는 그냥 지나쳐지지 않았다. 예쁜 그릇만 보면 사족을 못 쓰는 세 여자는 황홀경에 빠져버렸다.
맑은 물이 있는 절이라는 이름의 청수사에는 과연 세 줄기의 맑은 물이 힘차게 쏟아져 내리고 있었다. 이 물줄기의 이름은 각각 지혜, 사랑, 장수라 했다.
"이 세 줄기의 물을 다 마시면 지혜와 사랑과 장수까지 얻는 거야?"
신이 나서 덤볐다. 그러나 한 명이 우리를 말렸다. 모든 마법에는 함정이 있다는 것! 세 줄기의 물을 모두 마시면 하나도 이루어지지 않는다는 것이다. 그러니 세 줄기 가운데 단 두 줄기의 물만 마셔야 한다는 것! 아, 인생은 왜 시험의 연속이란 말인가.
우리는 지혜와 사랑과 장수 가운데 과연 무엇을 포기할 것인지를 놓고 옥신각신했다.

지혜와 사랑이 있어도 오래 살지 못하면 모든 게 헛되고, 지혜와 장수는 있는데 사랑이 없다면 외롭고, 사랑과 장수는 있는데 지혜가 없다면 다툼과 갈등의 연속일 게 뻔하고……. 역시 무엇을 얻는 것보다 무엇을 버리는 것이 어렵다.
에라, 모르겠다. 결국 나는 지혜를 버리기로 했다.
'좀 어리석게 살지 뭐. 사랑하는 사람과 오래오래 살 수 있다면 바보로 살아도 좋아.'
지혜는 자신의 이름을 버릴 수는 없다며 결국 지혜와 장수의 물줄기를 선택했고, 은정이는 굵고 짧게 살겠다며 장수를 포기했다. 과연 마법의 청수사 물줄기는 우리에게 지혜와 사랑과 장수 가운데 두 가지를 허락해 줄까?
우리는 우리의 앞날에 관한 온갖 예언들을 늘어놓으며 우메다 역으로 갔다. 그곳의 한신백화점에서 나는 금색 반짝이가 잔뜩 붙어 있는 하이힐을 하나 샀다. 젖은 운동화 속에서 꼬물거리던 내 발들이 이 구두를 보면 환해질 것이다.
'오늘 밤에는 이 반짝이 구두를 머리맡에 두고 자야지'
상상만으로도 기분이 좋아졌다.

기분 좋아진 김에 우리는 와인 파티를 하기로 했나. 엔날 비행기 안에서 서비스만 하고 제대로 먹어보지 못했던 샤또 지스꾸리를 샀다. 생 앙드레 치즈도 곁들였다.
비록 민박집 방바닥서 종이컵에 마시긴 했지만 우리는 함께 있어 좋았다.
"내일은 마지막 날이니까 스파에 가서 목욕도 하고, 백화점 지하에 가서 모찌도 사먹자. 비행기에서 먹을 도시락도 사고!"
"우리 벌써 내일 가?"
"헐! 교토밖에 본 게 없는데?"
노는 시간은 늘 이렇게 쏜살같다. 그러고 보니, 비싼 '간사이 쓰루또 패스'를 사놓았던 게 떠올랐다. 하지만 어쩌랴. 이제 마법이 풀릴 시간이 다가오는 걸! 시간이 되면 우리는 다시 제복을 갖춰 입은 반듯한 승무원으로 돌아가야 하는 것이다.
그러나 괜찮아. 마법의 지팡이를 들고 주문을 외우면 다시 변신하는 밍키처럼, 우리도 사르륵 옷을 갈아입으면 또다시 자유로운 여행객이 될 수 있잖아.

게이샤의 추억

일본 교토 • Kyoto

눈부시게 화려한 기모노를 입고, 인형처럼 새하얗게 화장을 한 얼굴. 새빨간 입술로 오물오물 노래하고 말하는 인형 같은 여자. 세상의 모든 아름다움을 다 가진 여자. 그러나 모든 것을 다 얻어도 사랑만은 얻지 못하는 여자. 모든 남자가 원하지만, 누구도 자신의 여자로 만들 수 없는 여자. 내가 주워들은 게이샤의 이미지는 그랬다. 그것만으로도 나는 게이샤가 몹시도 궁금했다.

영화 〈게이샤의 추억〉은 게이샤에 대한 나의 환상과 열망에 기름을 부었다. 최고의 게이샤가 되기 위해 노래, 춤, 그림 등 온갖 훈련을 감내해내는 그들은 결코 천박한 기생이 아니었다. 몸값이 매겨져 돈과 권력 앞에 서게 되지만, 게이샤에게는 신비롭고 비밀스런 무언가가 있었다. 영화 속에서 흰 눈을 맞으며 춤을 추던 장쯔이의 모습은 아름다운 영상미가 더해져 오랫동안 잊혀지지 않았다.

'진짜 게이샤를 만나보고 싶어. 영화 속에서처럼 영어로 말하는 중국인 게이샤가 아니라 진짜 일본 게이샤를 보고 싶다고!'

결국 나는 게이샤를 만나기 위해 교토의 기온으로 갔다. 기온에만 가면 여기저기 게이샤들이 마구 돌아다니고 있을 것만 같았다. 어디선가 장쯔이가 튀어나와 말을 걸어올 것만 같았다.

하지만 장쯔이는커녕 초보 게이샤 한 명 얼씬거리지 않았다. 간간이 게이샤 옷차림으로 돌아다는 사람들이 있어 눈여겨보면, 거의가 게이샤 체험 중인 가짜 게이샤였다.

'정녕 게이샤는 영화 속에서만 살아있단 말인가. 돈과 권력이 없는 나 같은 여자는 감히 구경할 수도 없단 말인가. 공연이나 보는 것에 만족해야 한단 말인가.'

해가 질 무렵까지 쓸쓸한 마음으로 게이샤 찾아 삼만 리를 하다

가 한 화장품 가게에 들어갔다. 그런데 그곳에서 뜻밖에도 게이샤를 만난 것이다! 기모노를 입고, 30센티미터는 족히 넘을 듯 한 게다를 신고, 게이샤 화장을 한 여자. 아름답지 않으면 게이샤라고 할 수 없다더니, 과연 얼굴에서는 빛이 났다. 나이를 가늠하기도 어려웠다.

나는 조심조심 다가가 어렵게 말을 걸었다.

"당신이 진짜 게이샤인가요? 나는 진짜 게이샤를 만나고 싶어 이곳까지 왔어요."

신기하고 흥분되어 목소리까지 떨렸다. 그러나 얼굴에서 신비스런 빛을 뿜어내던 그 여자는 수줍게 웃으며 고개를 가로 저었다.

"난 아직 게이샤가 아니라 마이코에요. 견습생이죠."

아하, 그렇구나! 그러나 뭐 견습생이면 어떠랴. 길거리에서 일일체험 중인 게이샤와는 확연이 다른 그들만의 카리스마가 벌써 팍팍 풍기는 것을!

화장품 가게에서 화장품 고르는 대신 게이샤 견습생과 더듬더듬 수다를 떤 것만으로도 나의 기온 여행은 갑자기 충만해졌다.

그녀와 헤어지고 기온을 떠나면서, 나는 게이샤들의 아름다운 모습이 담긴 사진집을 사서 옆구리에 끼었다.

'역시 게이샤는 쉽게 접할 수 있는 존재가 아니야. 베일에 싸여 있어야 게이샤지. 진짜 게이샤를 만나지 못했기 때문에 오히려 더 오랫동안 게이샤를 사랑할 수 있을 거야.'

아직은 게이샤가 아닌 '게이샤와의 추억'만으로, 멀리까지 날아갔던 나를 위로했다.

내 맘대로, 여행을 말하는
일곱 가지 방식

보라

벨벳처럼 고급스럽고 와인처럼 향기로운 유럽의 빛깔

내가 사랑하는 도시, **런던**

영국 런던 • London

누구에게나 '처음'이라는 단어는 특별한 의미를 갖는다. 처음 외국에 나갔을 때, 처음 운전을 했을 때, 처음 월급을 받았을 때. 그 수많은 처음들이 쌓여, 현재의 내가 만들어진다.

나의 첫 해외 비행지는 런던이었다. 어떻게 런던까지 날아갔는지 모를 만큼 초긴장 상태였던 첫 비행. 그러나 런던이라는 도시는 나의 긴장감을 녹여주고, 기대감을 채워주기에 충분했다. 파리처럼 세련되지 않아도, 로마처럼 열정적이지 않아도, 쿨하고 차분하고 여유 있는 도시, 런던.

런던은 낯선 방문객이었던 내 모습을 아직 기억하고 있을까. 두 번째 런던에 갔을 때도 나는 여전히 모든 것에 서툴렀다.

'0. 9. 10~15

두번째 런던 tour!
이제 전철타고 런던시내를 다닐
자신이 있다.

첫째날. tour bus 타고 돌아다님
London top 안에 들어가봤고
배타고 템즈강도 건너봤어.

둘째날. 유람선타당. 이거저거
돌아다녀가 pizza 먹고 "KING&I"
Musical 봄. very good!!
밤에 Hotel로 돌아올때 무서워서
죽는줄 알았어.

셋째날. 옥스퍼드거리를 헤매다가
시차적응 못하고 Hotel로 옴.

2002년의 **융프라우**

스위스 인터라켄 • Interlaken

세계 어디를 가든 축구이야기로 떠들썩하던 2002년의 여름. 계절이 바뀌고 스위스까지 날아갔지만, 한일월드컵의 뜨거움은 아직 남아 있었다.
융프라우를 오르는 산악 기차를 타기 위해 그린덴발트Grindelwald에 내렸을 때, 가을 단풍이 한창인 마을과 그 마을을 병풍처럼 둘러싼 설산에 따뜻한 해가 비치고 있었다. 몇 명의 꼬마친구들이 우리에게 어디에서 왔냐고 물었다. 코리아, 라고 답해주었더니 "아, 꼬레!" 하면서 아는 척을 했다. 한 아이는 김 서린 기차 창문에 손가락으로 쓱쓱 무언가를 그렸다. 태극기였다. 조금 틀린 곳이 있어 옆에다 고쳐서 그려주었다. 내가 그리는 것을 유심히 보던 아이는 다시 한 번 따라 그려봤다.
"복잡한 태극기를 어떻게 외웠니?"
"쉬워. 꼬레가 좋으니까. 축구를 잘하잖아."

'그래, 그렇구나. 아무리 어려워도 좋아하면 뭐든 쉽게 느껴지지.'
개와 함께 한 달째 여행 중이라는 한 여자도 엄지손가락을 치켜세우며 "꼬레!"를 외쳤다. 나도 그 여자처럼 엄지손가락을 들었다.
그 때, 꼬레가 좋다던 아이의 엄마가 다가와, "What's mean?" 이런다. 태극기를 가리키면서. 잠시 혼란에 빠진 내 머릿속! 그러나 그 때 퍼뜩, 스치고 지나가는 노래가 있었으니! 바로 현숙의 건곤감리청홍백!!! 건! 하늘의 영광, 곤! 땅 위의 축복 어쩌고 하는 노래다. 나는 노랫말을 직역해 가며 열심히 설명을 했다. 그러나 얘기가 점점 복잡해지고 말았다.
'아, 그냥 엄지손가락 드는 것까지만 하는 건데. 태극기의 뜻까지는 무리였다.'
꼬여가는 대화를 대충 수습하다보니, 어느새 정상에 도착했다. 눈 쌓인 융프라우 정상의 모습은 장관이었다. 한 달 동안 주인과 함께 여행을 다녔다는 개도 감격에 겨워 이리 저리 뛰어다녔다. 갑자기 나를 승무원으로 뽑아준 심사위원 분들을 향해 큰절을 올리고 싶어졌다. 스튜어디스가 되지 않았던들 내가 무슨 복으로 여기까지 올 수 있었으랴.
감격스런 마음에 집으로 엽서를 띄웠다. 융프라우 도장까지 꽝꽝 찍어서. 그리고 매점에서 '농심 사발면'을 후루룩 후루룩 먹었나. 한국과 태극기를 세계만방에 알린 태극전사 만세, 융프라우 정상에서 나의 추위와 허기를 달래준 농심 사발면 만세.
자랑스런 코리아를 가슴에 새기며 다시 그린덴발트로 돌아왔다. 그리고 어느 외진 다리 밑에 작은 글씨로 흔적을 남겼다.
"나 왔다 감-2002.10.17."

3년 뒤, 나는 다시 취리히 비행을 왔다. 융프라우를 가보지 못한 신입 후배가 있길래 다시 그린덴발트를 찾았다. 농심 사발면 먹은 이야기를 들려주며.
꼬레를 좋아한다던 꼬마는 만나지 못했다. 개와 함께 여행하던 여자도 없었다. 다만, 외진 다리 밑에는 3년 전에 내가 적어놓은 글씨가 아직 그대로 있었다. 나는 혼자 뿌듯해 하며, 그 옆에 다시 적었다.
"또 나 왔다 감."
아무래도 내가 너무 심한 환경 파괴를 한 것일까? 3년 뒤에 다시 와서 지워야겠다.

스위스의 수도는?

스위스 베른 • Bern

"영국의 수도는 런던, 미국의 수도는 워싱턴DC, 그럼 스위스의 수도는?"
퀴즈대회에서 이 문제를 내면, 가을낙엽처럼 우수수 탈락자들이 속출할걸?
내가 주위 여러 사람들에게 물었더니, 열에 여덟은 모두 '취리히'라고 당당하게 말하더라는! (사실은 나도 그랬다.)
2003년, 스위스의 베른에 가서야 나는 처음 알았다. 그곳이 스위스의 수도라는 것을!

베른은 중세 시대 분위기가 물씬 풍기는 고풍스런 도시다. 유럽에서 가장 긴 석조 아케이드를 따라 걸으면서 가게들을 구경하는 재미가 쏠쏠하다. 또 16세기부터 자리를 지키고 있던 분수대를 보는 재미도 좋다. 작은 도시에 무려 100여 개의 분수대가 갖가지 모양을 뽐낸다.

중세의 돌바닥 길을 걷는 재미도 빼놓을 수 없다. 특히 길 끝까지 걸어가면 곰도 볼 수 있다. 베른은 곰의 도시라고도 불린다. 베른이라는 도시의 이름도 곰에서 비롯되었다. 곰의 도시답게 베른에서는 살아있는 곰을 볼 수 있다.

현재는 전시회장으로 쓰고 있는 감옥탑에 올라갔다. 마침 무슨 사진전이 열리고 있었다. 얼핏 보니, 노인들이 장작불에 개를 구워먹는 모습이 적나라하게 찍힌 사진이었다.
'개를 먹는 나라가 우리 말고 또 있나?'
자세히 제목을 들여다보니 코리아다. 스위스의 수도 베른에서 만난 한국의 모습!
반가워해야 하나, 화를 내야 하나 아리송하다.

명품 티스푼을 챙기다

> 스위스 취리히 • Zurich

결혼을 앞둔 선배가 로렉스 시계를 보러 간다기에 따라나섰다. 여섯 명이 쪼르륵 유리 진열대 앞 의자에 앉았다. 사지도 않을 거면서 난 이게 좋아, 난 저게 예뻐, 고르느라 바빴다. 깨끗하고 투명한 유리에 여기저기 지문 흔적까지 남기며.

한참 동안 가지 않고 구경만 일삼자, 잘생기고 품위 있으신 명품 샵의 직원께서 다가왔다. 우리에게 작은 상자까지 하나 쥐어주며 하는 말.

"마음이 정해지면 다시 들러 주세요!"

정중하게 부탁하는 그에게 우리도 깍듯한 인사를 하며 돌아섰다. 주는 선물만은 냉큼 받아 챙긴 다음.

그가 우리에게 준 선물은 로렉스 취리히 ROLEX ZURICH라는 글씨가 선명하게 새겨진 티스푼 세트였다. 공평하게 주인을 가르려면 당연히 묵찌빠!

야홋, 그렇지! 명품 티스푼 세트는 나의 차지가 되었다. 땡큐, 로렉스 취리히!

사진에는 다 담을 수 없는 풍경

독일 퓌센 • Fussen

고2 독일어 수업시간이었다. 방학동안 독일에 다녀오셨다는 선생님께서 슬라이드로 사진 몇 장을 보여 주셨다. 그 사진 가운데 특히 노인슈반슈타인 Nenuschwanstein 성의 사진에서는 반 아이들 모두가 "와—와!" 탄성을 질렀다. 세상에 저런 곳이 있다는 게 믿어지지 않았던 우리들. 선생님은 어떻게 저런 데를 다 갈 수 있나, 신기하고 부럽기만 했던 나. 그런데 십 년 뒤, 나도 그 노인슈반슈타인 성 앞에 섰다.
산에 단풍이 물든 가을. 테겔베르크행 버스를 타고 성 입구까지 갔다. 노인슈반슈타

인 성까지는 마차를 타고 낙엽을 밟으며 딸그락딸그락 올라갔다. 공기가 아주 상쾌했다.

나무 사이를 걸어가는 두 마리의 말에서 좌르르 윤기가 흘렀다. 반지르르 잘 생긴 말들의 엉덩이가 멋져서 사진을 찍으려는 순간! 갑자기 말이 꼬리를 번쩍 들었다.

"말도 꼬리를 들 수 있…… 읍, 퉤퉤퉤!"

갑자기 참기 힘든 구린내가 진동을 했다.

"에구구. 아침부터 마차 끄느라 고생하는 통에 봐준다!"

성 입구에 도착했을 때는 사실 조금 실망했다. 하필 공사 중이라 성은 천막에 싸여있었다. 다른 으리으리한 성도 많은데, 그에 비하면 살짝 별로인 것처럼 여겨졌다.

그러나 성 내부를 보면서 마음이 홀딱 바뀌었다. 창밖으로 보이는 알프스 산과 호수의 풍경은 그야말로 장관이었다.

"이 곳에서 바라보는 풍경은 매일 매일이 달라요!"

가이드가 어찌나 황홀한 표정으로 이야기를 하던지, 나조차도 그의 감정에 동화되는 듯 했다. 하루에도 몇 번씩 같은 코스를 돌면서 같은 이야기를 하는 사람이 어떻게 저런 표정으로 찬사를 보낼 수 있을까, 아마도 그는 진심인가 보다, 싶었다.

그러나 참 안타깝다. 내가 그곳에 가서 보았던 황홀한 풍경의 10%, 아니 1%도 나는 사진에 담을 재주가 없다. 어떤 사람은 사진으로 봤을 때, 너무 멋있었는데 막상 가보면 시시할 때가 많다고 하더라만. 나는 늘 그 반대일 경우가 더 많다. 그래서 매번 아쉽고 섭섭하다. 그러나 내가 찍은 허접한 사진과 나의 호들갑에 이끌려 누군가 여행을 꿈꾼다면, 나는 그것만으로도 대성공이다.

프랑크푸르트에서 먹는 **족발**

독일 프랑크푸르트 • Frankfurt

프랑크푸르트에 가면 늘 족발을 사먹는다. 한국식 쪽발과는 조금 다른, 유럽에서 흔히 파는 돼지다리다. 승무원들이 묵는 호텔 앞에 짜이스 Zeiss 라는 체인점이 있다. 족발, 훈제, 삼겹살덩어리, 통닭, 커틀릿 등을 원하는 만큼 포장해 갈 수 있는 곳이다.
그 곳에 가서 족발과 훈제 삼겹살을 넉넉히 사고, 슈퍼마켓에 가서 양상추와 피클과 와인도 산다. 그리고 호텔 라운지에서 뚝딱뚝딱 우리들만의 파티 준비를 한다. 모두 음식 준비에 일가견이 있는 사람들이어서, 누가 시키지 않아도 척척 금세 한 상 가득 차려진다.
누구는 상추를 씻고, 누구는 와인을 따 블리딩 시키고, 누구는 앞 접시와 커틀러리와 와인 잔을 준비하고, 누구는 고기를 먹기 좋게 나누어 담고. 기내에서도 이처럼 실수 없이 일사분란하게 움직이면 좋으련만!^^
양상추 위에 고기와 피클을 얹고, 집에서 미리 준비해 간 고추장을 듬뿍 올려 한 입에 넣으면 만사 오케이다! 와인까지 곁들이며 수다삼매경에 빠지면 비행기에서의 스트레스는 스르륵 안녕이다.

몇 년 동안, 비슷하게 생긴 동양 여자들이 매번 올 때마다 고기를 많이 사가니까, 주인은 아무래도 우리가 이상했나 보다.

"너희들 어디서 왔니? 뭐 하는 애들이니? 한국 여자들은 고기를 좋아하나 보구나."

이런 식의 질문을 수도 없이 던지는 거다. 곤란하게끔. 그러나 다행히 이제는 우리가 가면 대뜸 알아보며, "안뇽하세요!" 서툰 한국말로 인사까지 한다. 누구한테 교육을 받았는지, 일부러 부탁하지 않아도 족발을 먹기 좋게 한 입 크기로 잘라주고, 삼겹살도 5밀리미터 간격으로 도톰하게 잘 썰어준다. 우리는 매우 흐뭇해 하며, 그 집의 단골손님이 되었다.

그런 어느 날, 우리에게 떨어진 청천벽력 같은 소식!

승무원이 묵을 호텔을 공항 근처로 옮긴다는 것! 그 바람에 우리는 더 이상 그 고깃집을 갈 수 없게 되었다. 우리의 행복한 만찬은 어떻게 하나!

하는 수 없이 공항 근처에 있는 같은 브랜드의 체인점에 갔다. 하지만 삼겹살을 얇게 썰어달라고 하면 툭, 하고 커다란 고깃덩어리 두 개를 던져 준다. 아니 그렇게 말고 더 얇게요, 하면 독일인 특유의 무뚝뚝한 얼굴로 "What?" 하고 되묻는다. 제발, 얇게 슬라이스 해달라고요. 다시 몇 번을 설명하자니 답답하다.

삼겹살을 사랑하는 한국 승무원들과 친해지시려면 적잖은 시간이 필요하시겠군요. 어서 부지런히 고객의 니즈를 분석하시어, 부디 우리의 단골가게가 되어주시길!

꿈의 페달을 밟으며
이탈리아 피렌체 • Firenze

낡은 자전거를 타고 골목길에 서 있습니다.
〈냉정과 열정 사이〉에서 쥰세이도 자전거를 타고 이 골목 어딘가를 지났었죠.
나는 약속이라도 있는 사람처럼 자전거를 타고 골목길을 달립니다.

골목길 저쪽 끝에서 반가운 친구가 나타날 것만 같습니다.
동네 아주머니를 만나, 맛있는 빵 한 봉지를 건네받을 것 같습니다.

이 골목 모퉁이만 돌아서면
새로운 내 인생의 한 페이지가 찬란하게 열릴 것도 같습니다.

내 생애 **최고의 날**에는

이탈리아 카프리 • Capri

내 생애 최고의 날에는 주저 없이 카프리로 떠나야지.
낮에는 푸른 바다를 보며 살을 태우고,
밤에는 멋진 옷을 입고 운치 있는 레스토랑에서 식사를 해야지.
고급스런 호텔의 스위트룸에서 단 하룻밤만이라도 묵어볼 거야.
지중해의 보석 같은 섬에서 내 생애 최고의 시간들을 만끽할 거야.
좀 더 저렴한 가격으로, 좀 더 알차게 지내기 위한 짠순이 노력은 잠시 거둬.
카프리에서 만큼은 돈 계산하지 않고, 아끼고 닫아두었던 지갑을 기꺼이 열겠어.
나를 위한 값진 선물이야.

내 생애 최고의 날에는
날마다 축제의 밤 같은 아름다운 카프리로 떠나야지.

소년에게 낚이다

벨기에 호보켄 • Hoboken

벨기에를 처음 가본 2006년. 벨기에 출신 기장님은 그곳에 가면 사랑에 빠질 거라고 했다. 나는 잔뜩 기대감이 차올랐다. 혼자 여행가이드북도 탐독하고, 수첩에 가볼만 한 곳과 일정, 교통편 등을 빼곡하게 적어두었다. 보람찬 여행을 위해 만반의 준비를 했던 거다.

"호보켄에 꼭 가야 해요. 가서 〈플랜더스의 개〉에 나왔던 파트라슈와 네로를 볼 거예요. 화가가 꿈이었던 네로는 루벤스를 그렇게나 좋아했었잖아요! 안트베르펜에서는 루벤스가 그린 성모승천 그림을 꼭 봐야 해요. 루벤스의 그 그림 앞에서 네로와 파트라슈가 죽었을 때, 그림에서 아기천사 세 명이 내려왔어요. 어릴 때 네로와 파트라슈가 불쌍해서 막 울다가 천사보고 안심했었는데, 천사들이 내려왔  으니까, 네로와 파트라슈를 좋은 데로 데려갈 거라고 믿었어요. 성모 대성당에 가서 성모승천 그림을 보면, 지금도 천사들이 내려올 것 같아요."

머릿속에서는 어릴 때 보았던 만화영화 〈플랜더스의 개〉가 한 장면 한 장면 생생하게 리플레이 되고 있었다. 나는 사뭇 흥분되어 목소리까지 떨렸다. 그런데 웬일인지 선배들은 시큰둥했다.

"뭐 그렇게 궁금하면 갔다 오든지!"

요런 썰렁한 분위기였다.

'모두들 어렸을 때 플랜더스의 개를 안 봤나? 정서가 그렇게 메말라서야 어떻게 사람의 마음을 읽을 수 있겠나. 그래서야 어디 질 높은 서비스를 하겠나?'

혼자 머리를 흔들며, 끌끌 혀까지 차며, 네로를 찾아갔다. 안트베르펜에서 물어물어 트램을 타고 네로와 파트라슈의 마을 호보켄에 도착했다. 네로는 정말 가난했었는지, 그의 동네는 칙칙하고 허름했다. 게다가 헉! 뜬금없는 곳에서 생뚱맞게 맞닥뜨린 네로와 파트라슈의 작은 동상 하나.

'에게게? 정녕 이것이 전부란 말인가! 내가 정녕 호보켄에 낚인 것인가!'

어처구니가 없어서 헛웃음이 나왔다.

'아, 이래서 선배들이 다들 시큰둥했구나. 이래서 허무시리즈니 뭐니 했구나.'

하지만 괜찮다. 동네 노인들이 어찌나 친절한지 동상과 함께 사진을 찍어주고 가시겠다며 그냥 지나치지를 않으셨다. 사진 한 장 찍고 나면 또 다른 사람이 와서 사진을 찍어주겠다고 하고, 또 다른 분이 말을 시켜주고.

가난하고 볼품없지만, 따뜻하고 친절한 사람들이 사는 이곳이 네로의 고향이구나 생각하니 발걸음이 후회되지는 않았다.

오히려 안트베르펜으로 돌아와 성모 대성당에 갔을 때의 섭섭함이 더 컸다. 루벤스의 그림 '성모승천'은 훌륭했으나, 입장료가 4유로. 그곳은 성당이 아니라 관광지였다. 씁쓸했다.

p.s 네로와 더불어 관광객이 낚이기 십상인 또 하나의 아이. 바로 유럽 허무시리즈 2탄이라 불리는 오줌싸개 소년. 오줌싸개 소년의 동상 말고는 다른 볼거리가 하나도 없다. 정말 딸랑 오줌 누는 애 하나뿐이다. 그래도 늘 사람들로 북적인다. 이유가 뭘까? 나도 이런 동상 하나 세워놓고 우리 동네를 관광지로 만들면 안 될까?

뜻밖의 감동 '플래쉬 몹'

벨기에 안트베르펜 • Antwerpen

아침 일곱 시 반, 안트베르펜역에 도착했다. 시내로 나가는 출구를 찾아 두리번거리고 있는데 유난히 사람들이 많았다.

커다란 배낭을 멘 채 바닥에 앉아 있는 여행객도 있고, 무심한 표정으로 벽에 기대어 있는 사람도 있다. 그냥 일상적인 모습이라 별로 대수롭지 않게 여겼다. 표를 끊는 사람, 신문을 보는 사람, 자동인출기 앞에서 돈을 찾는 사람. 언제나 그렇듯 모두 무표정한 얼굴로 평범한 아침을 보내고 있었다. 나 역시도 표지판과 안내지도를 번갈아가며 열심히 읽고 있는 중이었다.

역 중앙의 시계가 정각 여덟 시를 가리키자, 역의 안내방송도 멈추고, 갑자기 어디선가 큰 노랫소리가 들렸다. 사운드 오브 뮤직에 나왔던 '도레미송'이었다.

"뭐지? 어디서 나오는 거야? 갑자기 웬 도레미송?"

나도 모르게 둘레둘레 주변을 살폈다. 그런데 조금 전까지 신문을 보던 사람이 갑자기 노래에 맞춰 춤을 추기 시작했다. 모든 사람들의 시선이 그에게 쏠렸다. 여기저기

서 무슨 일인가 수군거리고, 나처럼 놀라 두리번거리는 사람들도 많았다.

노래가 이어지자, 배낭을 메고 있던 한 학생도 함께 춤을 추었다. 금방 또 옆에 있던 어린이가 그들과 손을 잡고 같이 춤을 추기 시작했다.

세 사람이 다섯 사람이 되고 열 사람이 되어, 어깨를 잡고 팔짱을 끼고 빙글빙글 돌며 춤을 추었다. 춤을 추는 사람은 금방금방 불어났다. 돈을 찾던 사람도 웃으며 춤추는 이들을 쳐

다보았다. 신문을 읽고 있던 아저씨도 슬쩍슬쩍 어깨를 흔들었다. 큰 여행 가방을 끌며 지나던 할머니도 신이 나서 박수를 쳤다. 춤을 추는 사람들은 금방금방 삼십 명이 되고, 사십 명이 되고, 오십 명을 넘었다. 수많은 사람들이 갑자기 같은 동작으로 춤을 추는 모습은 정말 감동적이었다. 할머니도, 할아버지도, 어린 아이도, 아줌마도 하나가 되었다. 서로 무표정하게 지나치는 타인이었을 뿐인데, 함께 웃으며 노래하고 춤을 추자, 금세 친구가 되었다.

도레미송이 끝날 때까지 역 안에 있던 모든 사람들이 근사한 뮤지컬의 주인공이 된 순간, 어리둥절해 있던 나의 가슴도 둥둥 뛰었다. 함께 노래를 따라 부르며 박수를 쳤다. 노래가 끝나자 환호와 박수가 이어졌다. 순식간에 역은 후끈한 열기로 가득 찼다. 그러나 뜨거운 박수가 채 밀추기도 전에 사람들은 어디론가 흩어졌다. 다시 아무 일도 없었던 것처럼 처음의 그 자리로 돌아갔다. 지나가던 사람은 계속 가던 길을 가고, 신문을 읽던 사람은 다시 신문을 읽고, 누군가를 기다리던 사람은 계속 서 있었다. 다시 무표정한 얼굴로.

영문을 알지 못한 나만 감동적인 아침 선물에서 헤어 나오지 못해 여전히 고개를 두리번거리고 있었다. 몰래카메라에 당한 것처럼 당황스러웠다.

나중에 알고 보니, 나는 '플래쉬 몹 Flash Mob'이라는 아주 특별한 퍼포먼스를 경험한 것이었다. 플래쉬 몹이란, 인터넷이나 이메일, 휴대폰 등을 통해 모인 불특정 다수가 정해진 시간, 정해진 장소에서 모버레이터moberator (지시서 나눠주는 사람)들이 나눠준 지시서에 따라 특정 행동을 하고 순식간에 사라지는 행위를 말한다.

플래쉬 몹 퍼포먼스는 숨 가쁘고 힘겨운 일상에 작고 행복한 균열을 일으켰다. 몇 분 동안의 퍼포먼스로 이렇게 뜻밖의 행복을 얻게 되다니. 유럽에서 가장 아름다운 기차역이라는 안트베르펜 역. 그곳에서 나는 잊지 못할 최고의 선물을 받았다.

153

본업은 비행, **여행은 뽀나스**

이탈리아 아시시 • Assisi

아침부터 서둘러 호텔을 나섰다. 테르미니 Termini 역에서 출발해, 폴리뇨 Foligno역을 거쳐 아시시에 도착하니 벌써 한 낮.

기차에서 내리자마자 눈앞에 펼쳐진 풍경에 입이 벌어졌다. 도시가 하나의 언덕 위에 빼곡하게 들어차 있다니. 참 신기한 동네다. 역에서 언덕 위까지 가는 길에는 온통 보리밭이었다. 언덕 위의 집들을 향해, 황금빛 보리밭 사이로 난 길을 따라 걸었다. 마치 꿈속 나라로 빨려드는 기분이랄까.

보리밭 사이 길로 한 시간 남짓 걸어서야 겨우 언덕 위 마을에 도착했다. 중세의 모습을 고스란히 간직한 아시시는 아름다웠다. 아주 오래된 돌이 깔린 좁다란 길과 구불구불한 계단은 영화 속 한 장면 같았다. 성 프란체스코의 유해가 있는 성당 안은 많은

사람들로 붐볐다. 성 프란체스코의 일생을 그린 프레스코 화 앞에서 감동에 겨워하는 신자들을 보자, 나의 마음도 따라서 경건해졌다. 종교가 인간의 삶에 미치는 영향이 얼마나 큰지, 수많은 사람들이 수 천 년 동안 변하지 않는 믿음으로 살아가고 있다는 사실이 새삼 놀랍다.

성당에서 나와 발길 닿는 대로 걷고 또 걸었다.

발이 아니라 마음으로 걷는 도시라는 아시시. 성지를 순례하는 신앙인의 마음으로 구석구석을 돌아보았다. 부유함과 안락함을 다 버리고, 낮은 곳에서 병든 사람들과 함께 하는 삶을 산 성인의 삶을 떠올리면서.

미네르바 신전을 지나 아시시에서 가장 높은 곳인 로까 마조레까지 걸었다. 내 구두의 7센티미터 굽이 원망스러웠다. 발등까지 푸석푸석하게 부었다. 그러나 높은 곳까지

올라오길 잘했다 싶었다. 아시시 전체를 한 눈에 내려다보고 있자니, 내가 붙잡으려고 욕심내는 것들이 하찮다.

'하나라도 더 가지려는 욕심을 버리고 남에게 내가 가진 것을 나누어주는 데서 행복을 느껴야지. 에이, 아니다. 너무 거창하다. 전부터 마음만 갖고 있었지 실천하지 못한 일 대일 후원이나 해야겠다. 집에 가자마자 자동이체로 신청해야지.'

착한 생각, 착한 결심을 하게 만들어준 아시시와의 이별이 못내 아쉽다. 자꾸만 시계를 들여다보면서도 떠나지 못하고 다시 노천카페에 앉는다. 뭉게구름이 가득히 흘러가는 하늘을 보면서 파니니에 생맥주를 한 모금 마신다.

여행 분위기에 젖어들 만하면 서둘러 또다시 비행 준비를 해야 하는 나. 그것이 승무원 여행의 특징이다. 늘 이곳에서 저곳으로 옮기가는 중간에 잠시 머무는 여행이다. 이곳까지 왔다가 저곳으로 돌아가기 전까지 잠시 머무는 동안의 짧은 여행. 아시시처럼 차분하게 나를 돌아볼 수 있는 여행지에서는 짧은 일정이 특히나 아쉽다. 피정을 온 것처럼 며칠 더 마음수양을 하며 머물 수 있다면 좋으련만.

누구처럼 한 달씩, 일 년씩 샅샅이 돌아보는 여행이 승무원인 나에게는 허락되지 않는다. 늘 비행기를 타지만, 가고 싶은 곳을 다 갈 수도 없다.

하지만 괜찮다. 다른 사람들은 한번 왔던 곳을 두 번 세 번 계속 오기 힘들 것이다. 여행은 늘 새로운 곳을 찾아다니게 마련이니까. 그러나 승무원인 나는 언제고 갔던 곳을 또 갈 수 있다. 나는 늘 비행기를 타지만, 본업은 비행이다. 하루나 이틀 정도의 짧은 여행은 뽀나스! 아시시에 올 때마다 착한 결심 하나씩 실천하고, 새로운 결심 하나씩 만들어가야지. 비행을 그만둘 때까지 이탈리아에 몇 번을 더 오게 될지 모르겠지만, 올 때마다 이곳에서 만든 새 결심을 실천해가면, 나의 삶은 천국처럼 풍요로울 거야.

사진 찍기 놀이
이탈리아 피사 • Pisa

베네치아에서 세 시간을 달려 도착한 곳. 시간은 이미 저녁 여섯시. 땅을 지글지글 끓게 만들던 강렬한 태양도 조금은 뭉글뭉글해지고, 신선한 바람도 제법 부는 시간. 나는 이탈리아의 피사에 와 있다.

그저 한적한 소도시에 불과한 이곳에 비스듬히 서 있는 탑 하나를 보려고 수많은 사람들이 찾아왔다.

"피사의 탑이 더 이상 기울어지지 않게 하려고 쇠사슬로 붙잡아 매놨대!"

피사에 오기 전, 절대 비밀이라도 누설하듯이 낮은 목소리로 친구가 말했다.

"정말?"

피사의 탑을 보자마자, 나는 쇠사슬을 찾았다. 그러나 눈 씻고 봐도 없었다.

"사실은……."

친구는 다시 바짝 다가와 귓속말로 전했다.

"탑이 점점 더 기울어져서, 탑 아래쪽에 깊숙이 땅을 파고 시멘트를 잔뜩 부어놓았대."

"허걱!"

이거야 말로 믿거나 말거나. 기울어진 탑이 불가사의하긴 한가보다. 저마다 온갖 루머들을 지어내며 믿을 수 없는 탑의 비밀을 조장해 내니.

친구는 낄낄대며 잔디밭으로 달려가 포즈를 취했다. 이곳에 오면 누구나 사진 찍기 놀이에 빠진다. 나이가 많거나 적거나, 돈이 많거나 적거나, 지위가 높거나 낮거나 상관없다. 어떻게 하면 좀 더 기발하고 웃기는 장면을 만들 것인가에만 골몰한다.

누군가는 말로 탑을 밀고, 누군가는 손으로 잡아당기고, 탑의 기울기대로 삐딱하게 서보기도 하고. 참 가지가지 한다. 우리도 질 수 없어 한 컷 날린다. 피사에서 찍은 우리들의 인증샷!

철거당한 **사랑의 약속**

이탈리아 피렌체 • Firenze

"십년 뒤에, 여기서, 우리 다시 만날래?"

친구들과 종종 이런 약속 해본 적 있을 것이다. 십년 뒤에 우리는 어떤 모습일까, 십년 뒤에도 우리의 관계가 계속될까, 막연한 십년 뒤를 상상하면서.

에쿠니 가오리의 〈냉정과 열정 사이〉에서도 주인공 준세이와 아오이는 십년 뒤를 약속한다. 십년 뒤, 서른 번째 생일날 다시 만나자고. 영원한 사랑을 맹세하는, 연인들의 성지 피렌체 두오모에서.

두오모 성당과 〈냉정과 열정 사이〉를 연결 짓는 것은 어쩐지 진부하기까지 하다. 너무 오래 우려먹어서 싱거워진 옛날 유머처럼. 그러나 여전히 두오모 성당에 가면 준세이와 아오이가 떠오른다. 휘겹게 가파른 계단을 걸어 꼭대기까지 올라가다 보면, 여기까지 왜 왔나 잠시 후회가 밀려오기도 한다. 그러나 그곳에서 내려다보는 피렌체의 모습이 좋아, 어금니 꽉 물고 꼭 올라가게 된다. 마치 십년 전의 누군가를 만나러 가는 길인 것처럼.

피렌체에서 두오모 성당과 함께 내가 좋아하는 곳이 또 있다. 바로 아르노 강 위에 있는 베키오 다리다. 그곳에는 연인들이 영원한 사랑을 약속하며 걸어두었던 자물쇠들이 빼곡하게 걸려 있다. 그 빼곡한 맹세들이 인상적이었다. 그런데 글쎄 4년 만에 다시 가보니까 자물쇠들이 온 데 간 데 없이 사라진 거다. 아마도 철거당했나보다.

'그 많던 사랑의 약속들은 모두 어디로 갔을까. 절절한 갖가지 사연들로 자물쇠를 걸었을 연인들은 자물쇠가 사라진 걸 알까?'

그 후로 피렌체에 가면 철거당한 사랑의 약속을 애달파하며, 자물쇠도 사라진 베키오 다리를 혼자 찾곤 한다.

추억의 **로댕전**

프랑스 파리 • Paris

2008년 가을. 파리에서 로댕갤러리를 찾았다. 로코코 풍의 저택과 노랗게 물든 나무 사이에서 〈지옥의 문〉, 〈생각하는 사람〉, 〈칼레의 시민들〉을 보았다. 그 작품을 감상하고 있으려니까 기억의 회로가 나도 모르게 1985년으로 거슬러 올라갔다.

창덕궁에서 로댕전이 열리고 있었다. 평소에 공연이나 전시회 등을 빠지지 않고 찾아다니시던 외숙모께서 사촌들과 함께 나와 남동생을 로댕전에 데려가 주셨다.
널찍한 전시장에는 로댕의 작품들이 띄엄띄엄 놓여 있었다. 장래 희망이 미대교수였던 사촌언니는 야무진 표정으로 작품을 감상했다. 나는 언니의 진지한 표정을 힐끔거리며 어벙하게 따라다녔다. 남동생은 전시장 여기저기를 뛰어다녔다. 그러다가 동생이 조각상의 고추를 만졌다. 어린 마음에 벗고 있는 조각들이 신기하기도 했겠지. 그러나 곧바로 외숙모의 제지가 들어왔다. 관람이 무사히 끝난 후, 동생의 행동은 바로 엄마에게 보고되었다.

성숙한 관람 자세를 보여주지 못한 우리 남매에게 엄마는 충격을 받으신 듯 했다. 그리고 곧이어 중대 발표가 이어졌다.
"우리 가족도 이제부터 문화생활을 좀 해야겠다. 그래야 어려서부터 교양 있는 행동을 배울 것 같다."
그리하여 우리 가족은 생애 최초로 문화생활 영위를 위해 다시 한 번 로댕전을 찾아갔다. 조각에 전혀 관심이 없고, 돈 주고 조각전을 보러갈 이유가 전혀 없던 아빠까지 함께.
아빠는 애써 점잖게 전시를 관람하시다가 〈키스〉라는 작품 앞에서 기어이 한 마디 하셨다.
"여자가 더 적극적이구만!"
그러자, 엄마는 대뜸 아빠를 향해 날카로운 시선을 날리셨다. 나는 도대체 엄마가 왜 화가 났을까, 곰곰이 생각했다.
엉겁결에 로댕의 마니아인 듯 두 번씩이나 전시회를 가게 된 우리 남매는 그 날, 아주 엄숙한 가운데 로댕전 관람을 무사히 마쳤다.
전시장을 나오면서 엄마는 거금을 들여 꽤 두꺼운 도록도 구입하셨다. 동생과 나는 자기 전에 십분씩 이 도록을 탐독하라는 명을 받았다. 때문에 이부자리에 엎드려 작품 사진들과 제목을 넘겨보다 잠들곤 했다.
그로부터 23년 후, 나는 프랑스 파리에서 다시 로댕의 작품들을 만났다. 유년 시절의 기억이란 얼마나 강렬한지, 다 잊은 줄로만 알았던 기억의 조각들이 퍼즐처럼 완벽하게 맞춰졌다. 정원 한 구석에 세워져 있는 〈지옥의 문〉을 보자, 머릿속에 저장되어 있던 〈지옥의 문〉이 생생해졌다. 〈칼레의 시민들〉도 그 때와 같은 어두운 표정으로 고개를 숙이고 있다. 〈생각하는 사람〉 앞에서는 피식 웃음이 나왔다.
'생각하는 사람의 헤어스타일이 저렇게 구렸나?'
아빠가 눈여겨보셨던 〈키스〉도 다시 만났다. 삐걱삐걱 소리가 나는 나무 바닥을 따라 걸으니, 나의 추억들도 어디선가 삐걱삐걱 소리를 내며 깨어났다. 우리 가족의 서툰 문화생활이 23년 만에 감동의 추억으로 부활한 것이다.

파리에서는 **악마도 프라다**를 입을까

프랑스 파리 • Paris

패션의 본고장 파리. 처음 파리에 갔을 때, 거리 위의 모든 사람이 모델 같고, 모든 사람의 가방이 명품처럼 보였다. 슬리퍼 하나도 나만 모르는 유명 브랜드일 것 같고, 싸구려 선글라스도 럭셔리해 보였다. 파리의 패션 피플에게 잔뜩 주눅 들어 있었기 때문일까. 파리에서는 악마도, 거지도 나름 개성 있는 패션을 뽐내는 것만 같았으니.

입사한 지 얼마 되지 않은 햇병아리 시절이라, 선배들의 패션 감각에도 늘 기죽어 있었다.

"어머, 이 가방 비싼 거죠? 너무 예쁘다."

"아니야. 이거 시장에서 산 보세품이야."

"이건 내가 천 사다가 만든 거야."

명품도 아닌 것이 왜 선배가 들면 명품처럼 보이는지! 어떻게 코디를 하면 싸구려도 명품처럼 보이는 건지! 나에게는 참 미스테리였다.

대학 시절, 현대백화점에서 아르바이트를 했던 적이 있다. 잠깐 쉬려고 여성휴게실에 가보면, 여직원들이 브라운 고대기에 메이크업포에버 4색 쉐도우, 브루조아 볼터치를 가지고 있었다. 그 때만 해도 유명 브랜드에 대해 잘 몰랐던 나는 그녀들이 마냥 신기했었다. 제 손으로 돈을 버는, 직장여성이 되면 자신에게 투자를 많이 하는가 보다, 부러웠다.
"나도 내 손으로 돈을 벌면 세련되게 하고 다녀야지. 모두들 부러워하는 나만의 스타일을 연출할 거야."
늘 거울을 보면서 꿈꿨다. 그러나 내 손으로 돈을 버는 직장 여성이 되었음에도 '나만의 스타일 연출'은 멀고도 험한 길이었다.

"친구야. 우리도 오늘 한 번 질러보자!"
패션의 도시 프랑스 파리에서 우리는 쇼핑에 의기투합 했다. 이런 저런 숍을 구경하며, 멀리서만 보던 브랜드 세품을 신이도 보고 만져두 보았다. 길거리 좌판에서도 아기자기한 소품들을 샀다.
"야야, 진짜 패셔니스트들은 이런 데서 아무 거나 사도 척척 소화하는 법이야."
서로서로 용기를 북돋우며 하루 종일 녹초가 될 만큼 쇼핑을 했다. 그리고 마지막으로 이케아에서 플라스틱 바가지를 사는 것으로 쇼핑을 마감했다.

그로부터 몇 년이 지난 어느 날. 우연히 그 때 함께 쇼핑했던 친구와 그 날의 사진을 보았다. 우리는 사진을 보자마자 빵 웃음이 터졌다. 나름대로 쇼핑을 하면서 당시 유행하던 신상을 구매한 뒤 폼 잡고 찍은 사진인데, 그렇게 촌스러울 수가 없었다.
"그런데 파리의 패션을 따라잡겠다고 나선 쇼핑에서 도대체 오렌지색 플라스틱 바가지는 왜 샀던 걸까?"
"아니 또 샀으면 샀지, 그걸 왜 촌스럽게 머리에 쓰는 과감한 설정을 한 거니? 하하."
"중학생도 아니고 새파란 갭 셔츠는 뭐야! 아마 세일해서 싸다고 무작정 샀겠지. 호호."

모처럼 우리는 옛날 사진을 들여다보며 한참을 웃었다.

스튜어디스라는 이름표가 아직 낯설었던 때, 파리에서의 옷차림도 어색했던 우리들. 그러나 그 때, 우리는 얼마나 순수했었나. 명품 브랜드와도 바꿀 수 없는 열정과 꿈으로 얼마나 설레였던가.

이제 더 이상 파리지엔느를 패션 피플로만 바라보지 않으며, 선배들의 감각에도 기죽지 않는다. 겉으로 드러나는 아름다움보다 내면의 성숙함과 깊이가 더 중요하다는 걸 아는 나이. 파리에서 악마가 프라다를 입는지 안 입는지는 아직 모르지만, 파리의 아름다움이 고가의 브랜드에서 나오는 게 아님을 안다. 예술에 대한 그들의 안목과 사랑, 문화에 대한 그들의 자부심, 타인에 대한 그들의 존중과 배려. 눈에 보이지 않는 것들의 아름다움을 눈여겨보기 시작했을 때부터, 나는 파리를 더욱 사랑하게 됐다. 그리고 촌스럽던 지난날의 나를 기죽지 않고, 부끄러워하지 않고 꺼내볼 수 있게 됐다.

여기 오는 사람을 **이방인이 되게 하지 마라**

네덜란드 암스테르담 • Amsterdam

암스테르담은 특별한 도시다. 그곳에서는 합법적으로 마리화나를 피우고, 합법적으로 성매매를 하며, 합법적으로 동성애자들이 결혼을 한다. 그곳의 커피숍 Coffee shops 은 단순한 카페가 아니라 대마초를 구입하고 피우는 곳이다. 도시 한 복판에 홍등가가 버젓이 존재하고, 매춘부를 노동자로 인정하는 곳. 암스테르담이 '인간의 자유를 최대한 보장하는 도시'라 불리는 이유가 이 때문이다. 덕분에 주변의 여러 나라에서 암스테르담으로 원정을 온다. 섹스와 마약과 동성애의 자유를 원하는 많은 사람들이.

그래서 암스테르담은 늘 번잡하고, 부산스럽다. 때로는 무질서하고 퇴폐적으로 느껴지기도 한다. 그러나 어쩌면 인간의 자유란 본래 그런 모습이 아닐까. 단정하고, 깔끔하고, 정돈되어 있다면 어쨌든 그 뒤에는 통제와 제재 혹은 억눌림이 숨어있기 마련이니까. 어떤 것을 더 좋아하든 상관없이, 자신의 욕망을 자연스럽게 표출하고, 타인의 욕망을 인정해주는 관용은 배울 점이다.

"어린 것들이 대마초를 피워? 제정신이야? 남자끼리 아무데서나 뽀뽀하는 건 또 뭔데? 여기 진짜 이상해. 다 중독자들만 사는 나라 같아."

지나치게 억압적인 교육환경 속에서 자랐다면, 자칫 함부로 비난을 퍼부을지도 모르겠다. 그러나 불필요한 일이다. 나와 다른 것에 대해 괜히 신경을 곤두세울 필요는 없다. '다름'을 그대로 인정한 채 내가 자리를 옮기면 된다.

복닥거리는 암스테르담의 분위기가 불편할 때, 내가 자주 찾아가는 곳. 바로 혼잡한 도시 속에서 늘 조용히 서 있는 베긴스수도원이다. 내게는 휴식 같고 보약 같은 장소다.

'여기 오는 사람을 이방인이 되게 하지 마라.'

베긴스수도원이 품고 있는 정신이다. 이곳을 찾아온 어느 누구도, 이방인이 되지 않게 하려는 배려. 누구에게도 소외와 차별의 느낌을 주지 않으려는 마음씀씀이야말로 이

도시가 가진 진심이 아닐까. 이 한 마디에 나는 암스테르담과 베긴스수도원이 단박에 좋아져버렸다. 설령 암스테르담이라는 도시가, 내가 가진 사고의 폭에 비해 지나치게 개방적이라고 해도, 좋다. 기꺼이 이해하기로 한다. 그것이 단 한 사람도 소외받는 이방인이 되지 않게 하려는 그들 방식의 노력이라면.

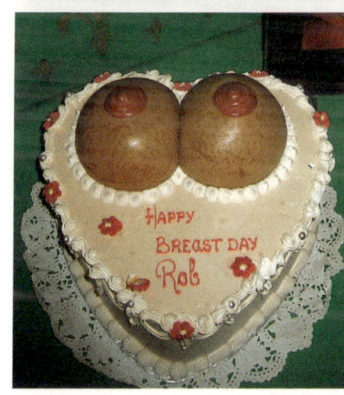

그대 아직 **꿈꾸고 있다면**

네덜란드 잔세스칸스 • Zaanse Schans

다 자란 어른이 되었어도, 누구나 마음속에 어린아이가 산다. 보통 때는 꼭꼭 숨어 있다가 뜻하지 않은 순간에 불쑥 고개를 내민다. 모두가 진지한 이야기를 하고 있는데, 혼자 갑자기 엉뚱한 상상을 하고 있다면 모두 그 아이 짓이다. 점잖은 레스토랑에서 생뚱맞게 불량식품이 먹고 싶다면, 네모반듯한 아파트가 싫증났다면, 그 어린아이가 신호를 보내는 것이다. 아직도 이루어질 수 없는 꿈을 꾸고 있다면, 그 역시 영원히 자라지 않는 내 속의 어린 아이가 생각놀이를 하고 있는 중인 거다.

내 속의 어린아이는 곧잘 제가 살고 싶은 집과 살고 싶은 동네를 꿈꾼다. 그 꿈속의 세상은 잔세스칸스를 닮았다. 노란 벽돌과 빨간 지붕, 드넓은 초록 들판에서 양과 염소와 오리들이 마음껏 뛰어노는 마을, 풍차와 치즈와 커다란 나막신이 있는 마을.

그런데 그 상상 속의 마을이 진짜 내 눈 앞에 펼쳐졌다.

마을 입구에서부터 가슴이 두근거렸다. 내 마음에 쏙 드는 마을이었다. 마을 가운데로 물이 흐르고, 알록달록 예쁜 집이 있고, 하얀 창틀에는 레이스 커튼이 쳐져 있다. 집 앞 쓰레기통은 철로 만들어진 우유통이다. 약간 녹이 슨, 오래된 철 우유통까지도 주변 풍경과 그럴싸하게 어울린다. 가로등과 작은 운하를 가로지르는 나무다리도 오

래 봐왔던 것처럼 낯이 익다. 아무렇게나 지천으로 핀 꽃들도, 푸릇푸릇 잎이 돋기 시작하는 버드나무도, 바닷가에 나란히 줄맞춰 선 풍차도, 그림책 속에서 지금 막 튀어나온 것처럼 흥미진진하다.

내가 태어나기 훨씬 전부터, 이 모습 그대로, 이곳에 있었을 잔세스칸스. 아주 오랜 세월 전부터 내가 오기를 기다리고 있었던 건 아닐까. 어린 시절, 항공모함 같은 커다란 아빠 신발을 꿰차고 노는 게 그토록 재밌었던 까닭은 잔세스칸스의 나막신이 보낸 텔레파시였을까.

나는 나막신 공장에서 젖은 나무토막을 기계에 대고 쓱쓱 돌리는 사람들을 보면서 생각했다. '나는 어쩌면 전생에 이곳에서 나고 자랐었나봐.' 뚝딱뚝딱 나막신 한 켤레가 다 만들어지도록 데자뷰 느낌은 지워지지 않았다. 나막신이 완성되자, 박수를 치며 열광하는 사람들 틈에서 언젠가도 쪼그리고 앉아 구경을 했었던 것만 같다.

치즈 공장에서도 마찬가지였다. 늘 비행기에 실리는 까망베르, 숌므, 꼼뜨 치즈 말고도 다양한 치즈를 시식하면서 아주 오래 전 어린 시절에도 먹었던 것처럼 익숙했다.

'그래. 아무래도 이곳은 전생에 내 고향이었던 거야.'

혼자 엉뚱한 상상을 끝없이 이어갔다. 상상놀이가 어찌나 재밌던지, 혼자 생각에 빠져 계속 마을을 어슬렁거렸다.

그러다 앤틱 샵에 있는 조그만 토끼 가족이 눈에 쏙 들어왔다. 손가락 한 마디만한 도자기 인형이었다.

'어맛! 너구나. 네가 몇 백 년 전부터 이곳에서 내가 오기를 기다리고 있었구나.'

한 마리는 손으로 얼굴을 비비고 있고, 한 마리는 눈을 내리깔고 요염한 표정을 짓고 있는 도자기 토끼. 양손을 가지런히 모으고 나를 올려다보는 손톱만한 새끼 토끼의 눈빛만으로도 나는 한눈에 우리의 인연을 알아차릴 수 있었다.

'얼마나 많이 기다렸니? 가자, 우리 집으로.'

나는 그 앙증맞은 것들을 얼른 사가지고 가게를 나왔다. 잔세스칸스에서 나는 내 속의 어린아이와 함께 마냥 행복한 꿈을 꾸었다.

감동을 주는 정원, **쾨켄호프**

네덜란드 쾨켄호프 • keukenhof

아침나절에는 시원한 창가에 앉아 책을 읽고, 낮에는 정원에서 꽃과 채소들을 돌보고, 해질녘에는 산책도 하고 차도 마시고, 밤이 되면 글을 쓰고, 그림을 그리는 삶. 미국 버몬트의 타샤 튜더 할머니의 삶이다. 200년 전의 부엌에서, 200년 전의 삶의 방식 그대로 옷을 지어 입고, 치즈를 만들고, 정원을 가꾸며 산 할머니의 삶이 아름답다. (94세가 되던 2008년에 돌아가셨다.) 여자로서 큰 상처인 이혼의 과정을 겪었고, 혼자 외롭게 살았지만, 아이들과 함께 자연 속에서 산 할머니의 삶은 건강하고 행복했다.

"살벌한 세상이지만 나는 정원에서 기쁨을 찾아요. 정원에 씨를 뿌리는 사람은 행복

해요. 나는 정원을 정성껏 가꾸면서 후회 없는 인생을 보내고 싶어요."

타샤 튜더 할머니의 글을 읽은 이후로, 나는 정원을 사랑하게 되었다. 그리고 네델란드의 쾨켄호프에서 비로소 감동스런 정원을 만났다.

물론 쾨켄호프는 정원이라기보다는 공원에 가까울지 모른다. 버몬트의 할머니네 정원에 비하면 너무나 잘 정돈되고 인공적으로 다듬어진 느낌도 있을 것이다. 하지만 쾨켄호프의 정원을 걸으면서 깨달았다. 알록달록 꽃과 풀과 나무가 그 어떤 명약보다 상처를 치유하는 데 도움이 된다는 걸. 날카로운 가시처럼 독이 올랐던 마음이, 꽃을 보면서 순해진다는 걸. 꽃은 자신이 있는 곳을 천국으로 만든다. 그곳이 어디든 간에. 쓰레기더미라도 그 위에 꽃이 핀다면 꽃밭이다. 눈부신 5월의 쾨켄호프. 그곳은 꽃으로 뒤덮인 천국이었다.

'이 곳의 한쪽 귀퉁이라도 떼어갈 수 있다면! 그래서 나의 정원으로 삼을 수만 있다면!'

그러나 나의 간곡한 바람은 허망한 욕심인 탓에, 꽃 천국이 여기 있다는 것만 머릿속에 새기고 돌아서야 했다.

2년 뒤.
"쾨켄호프 너무 좋아. 꽃 천국을 볼 수 있어. 꽃 박람회는 봄에 겨우 2주만 하잖아. 다음 주부터는 암스테르담 스테이가 없어지니까 이번이 마지막 기회야."
동료들을 설득해서 다시 리쎄로 갔다. 그런데!
여행의 8할은 날씨라더니, 그 말이 딱 맞다. 다시 찾아간 쾨켄호프에는 꽃은 없고, 썰렁함만 남아있었다.
튤립은 모종만 심어져 있고, 꽃은 어디에도 없었다. 입장료는 입장료대로 다 내고 이게 뭐람. 싫다는 사람들을 굳이 데리고 이곳까지 온 내가 미안했다. 사람들은 자신이 본 것만이 전부라고 여기기 때문에, 그들에게 쾨켄호프는 시답지 않은 곳으로 남게 될 것이다. 내가 보았던 그 아름다운 환희를 이해하지 못할 것이다.

"에계계? 꽃이 없으면 50%라도 깎아주든가, 돈을 안 받든가!"
나는 마치 쾨켄호프의 주인이라도 되는 듯 사람들 앞에서 안절부절했다. 그 때, 툴툴대는 우리들 곁으로 다가온 직원이 있었다. 그의 놀라운 한국어 말솜씨에 모두들 깜짝 놀랐다.
'나보다 더 고급 한국어를 구사하는 당신은 누구?'
그 사람은 한국에 일 년 동안 살면서 서강대어학원에서 한국어를 공부한, 화려한 이력의 소유자였다. 이 친구의 느릿느릿하면서도 예의 바른 한국어에 모두들 마음이 풀렸다. 다행이었다.
비록 꽃은 보지 못했어도, 그 날 우리는 한국말 잘 하는 네덜란드 직원과 함께 비에 젖은 나무 냄새를 흠씬 맡았다. 드넓은 정원을 산책하면서, 꽃 없는 꽃 천국을 만끽했다. 그 친구 덕에 양이랑 염소랑 송아지랑 당나귀랑 느긋하게 이야기도 나누었다.
'꽃이 없는 쾨켄호프라도 썩 나쁘지는 않군.'
함께 온 다른 사람들도 나중에는 그런 표정이었다. 다행스러웠다.
할 수만 있다면 나는, 흙 향기 폴폴 나는 공기를 열 세트 쯤 포장해서 가지고 오고 싶었다. 그래서 그리울 때마다 가끔 마시고 싶다. 그곳의 공기를 접해보지 못한 사람들에게 선물도 하고, 타샤 튜더 할머니의 말을 빌어, 약간 안타까운 눈빛도 전하면서.
"요즘 사람들 너무 정신없이 산다. 카모마일 차를 마시고, 저녁에 현관 앞에 앉아 개똥지빠귀의 고운 노래를 듣는다면 한결 인생을 즐기게 될 텐데……"라고.
꽃 천국을 다녀온 사람만의 여유다.

인생은 짧은 것. 내키지 않는 일에 매달려 시간을 허비한다는 것은 너무 바보 같은 짓이야.
—타샤튜터

웃음이 필요한 인생

오스트리아 멜크 • Melk

"웃음이라고 하는 것은 허약함, 부패, 우리 육신의 어리석음을 드러내는 것에 지나지 않아요. 웃음이란 농부의 여흥, 주정뱅이에게나 가당한 것이오."

웃음을 거부했던 시대가 있었다. 14세기 암흑기. 중세의 한 수도원에서 연쇄살인 사건이 벌어진다. 그 사건의 범인인 도서관 관장 호르헤는 웃음을 죄악이라고 했다. 중세의 엄숙주의가 낳은 극단적인 결과다. 사람들이 희극을 좋아하거나 웃게 되면, 신을 향해서도 건방진 웃음을 짓게 된다는 게 호르헤의 믿음이었다. 그래서 아리스토텔레스의 시학에 나오는 희극론에 독을 발라놓아, 그 책을 읽는 사람들을 죽게 만들었다. 웃는 사람은 죽어 마땅하다니. 중세의 수도원은 상상만으로도 암흑천지다.

이 살인사건은 움베르트 에코의 〈장미의 이름〉에 나오는 이야기다. 그리고 그 작품의 배경이 되었던 곳이 오스트리아의 멜크 수도원이다.

오스트리아 비엔나에서 기차 타고 한 시간 정도 가면 멜크에 닿는다. 담쟁이 넝쿨이 늘어진 계단을 올라 수도원 정문에 들어섰다. 오랜만에 떠난 자유여행이라 느긋했지만, 전문적인 설명을 들을 수 없는 것이 못내 아쉬웠다. 움베르트 에코의 〈장미의 이름〉은 혼자 힘으로 다 이해하기에는 너무나 벅찬 작품인 게 사실이니까.

그러나 도서관에 올라가자, 소름이 돋을 만큼 〈장미의 이름〉의 장면들이 되살아났다. 작품에서 묘사한 것처럼 바닥부터 천장까지 장서들이 빽빽이 꽂혀 있는 모습이 특히 그랬다. 무려 10만권의 책. 〈장미의 이름〉에서 도서관장 호르헤는 '지식은 탐구하는 것이 아니라 보존하는 것'이라고 말했다. 젊은 수사들이 책을 읽지 못하도록, 희극에 대해서나 웃음의 미학에 대해서 깨닫지 못하도록 막았다. 작품 속에서 호르헤는 희극을 비롯한 온갖 책들과 함께 불에 타 죽었지만, 실제로 멜크 수도원의 도서관에는 아직 책들이 꽉꽉 들어차 있다. 정말 누군가가 읽거나 탐구하지 않고 보존하기만 하는 것 같았다. 아직도 웃음을 거부하는, 경직되고 엄숙한 수사들이 이 중세 수도원을 지키고 있는 것만 같았다.

왠지 등골이 오싹했다. 가지런히 꽂혀있는 책들 사이로 기괴한 웃음이 새어나올 것만 같았다.

자꾸만 을씨년스런 기분이 들어, 나는 서둘러 밖으로 빠져나왔다. 예배당과 넓은 정원을 돌아보며 연못 잉어에 빵을 던져주었다. 뻐끔거리며 달려드는 잉어를 보자, 나도 모르게 웃음이 나왔다. 아차, 웃으면 안 되지. 나도 모르게 긴장이 되어 주변을 살폈다. 그러나 근엄한 표정의 수사는 없었다. 나는 안심하며 꽃밭에 물을 주고, 나무에서 산딸기를 따먹었다. 일부러 더 크고 환하게 웃어 보았다. 마음껏 웃지 못한다면, 웃음이 죄가 된다면, 휴! 생각만으로도 가슴이 답답해졌.

선착장으로 가서 배를 탔다. 쉰뷔엘 Schönbühel성, 악슈타인 Aggstein, 풍요의 상징인 땅

딸한 비너스가 있는 빌렌도르프Willendorf를 거쳐 스피츠 Spitz에 닿을 때까지 내내 웃음에 대해 생각했다.

인간에게 웃음이란 무엇일까. 웃음에는 어떤 큰 힘이 들어 있는 게 분명하다. 자꾸만 웃게 되면, 인간에게는 더 이상 종교도 필요 없어질지 모른다. 중세의 극단적인 수도사들이 웃음을 거부했다는 것은 웃음 속에 종교보다도 강한 힘이 들어 있다는 역설이 아닐까. 혼자 생각하다가 배에서 내렸다.

그런데 선착장에 배를 묶어놓은 밧줄 위에 동네 처녀 총각들이 쪼르르 앉아 있는 것이었다.

'참새처럼 쪼르르 앉아서 도대체 뭐하는 걸까?'

궁금해 하던 순간이었다. 배가 움직이자, 갑자기 그들이 위태하게 잉덩이를 걸치고 앉아 있던 밧줄이 물속에 잠겼다가 다시 물 위로 팽팽하게 당겨졌다. 그러면서 밧줄 위에 앉아 있던 사람들의 몸도 물속으로 곤두박질쳤다. 그게 무슨 대단한 놀이라도 되는지, 젊은이들은 까르르 까르르 숨넘어가게 웃으며 재미있어 했다.

'참내, 어지간히도 심심했나 보네.'

나도 헛웃음을 웃으며 돌아서다가 다시 생각했다. 어떻게든 웃으려고 하는 사람들. 웃지 않고 살아야 한다는 건 인간에게 얼마나 큰 고통인지. 마음껏 웃을 수 있다는 건 살아있다는, 건강하게 살아있다는 반증인 것이다.

해바라기 밭과 옥수수 밭 위로 해가 뉘엿뉘엿 지고 있었다. 내가 중세의 유럽에서 태어나지 않은 게 천만다행이었다. 우리의 인생에는 웃음이 절실히 필요하니까.

작은 **인연** 1

체코 체스키 크롬로프 ● Cesky Krumlov

낯선 곳을 여행한다는 건, 언제나 묘한 긴장감이 동반된다. 누구를 만날지, 어떤 일이 벌어질지 알 수 없는 상황이 매번 펼쳐지기 때문이다. 그 긴장감이 좋아서 날마다 여행을 꿈꾸는지도 모른다. 말굽 모양의 강이 빨간 지붕 마을을 감싸고 있는 사진을 보는 순간, 체스키 크룸로프 Cesky Krumlov 에 반해버렸다. 신경 줄이 팽팽하게 당겨졌다. 왠지 그곳에 가면 좋은 일이 생길 것만 같았다. 좋은 인연을 만날 것만 같았다. 당장이라도 그 곳으로 달려가기만 하면 슬프도록 아름다운 사랑이 이루어질 것만 같았다.

'사랑을 시작하기에 아주 좋은 곳이야.'

마침내 체스키 크롬로프에 닿았을 때, 나는 오랜 꿈을 이룬 듯 마냥 설레었다. 미리 호텔에 예약해 둔 투어를 위해 아침 일찍 시내로 나갈 때만 해도 그랬다. 날씨는 꾸물꾸물 비가 올 듯 했지만, 상관없었다. 특별한 인연을 만나면, 어떤 날씨든 특별하게 기억될 테니까. '그 날은 금방이라도 비가 쏟아질 것 같은 날씨였지.' 체스키 크롬로프에서의 내 러브스토리 첫 문장을 그렇게 쓰면 되는 거니까.

그러나 막상 현장에 도착하자, 기대감은 실망감으로 바뀌었다. 함께 여행을 하게 될 일행들은 이십여 명의 외국인들뿐. 사랑을 시작할 수 있을 만한 대상은 단 한 명도 없었다. 머리 떡진 중국 아저씨들, 촌스러운 백인 할머니, 뚱뚱한 러시아 사람들. 이들과 내내 붙어 다니며 여행할 생각을 하니, 갑자기 지루해졌다. 나도 모르게 심통 난 꼬마처럼 입이 쭉 나왔다.

버스에 오르자, 할머니가 내 옆에 앉았다. 가이드는 영어로 한번, 스페인어로 한번 열심히 무언가를 설명했다. 그러나 두 언어 다 귀에 들어오지 않았다.

'하늘도 무심하시지, 이게 뭐냐고요!'

괜히 애꿎은 유리창만 뚫어져라 쳐다보았다. 그런데 옆자리의 할머니가 빤히 나를 쳐

다보는 게 느껴졌다. 내가 고개를 돌리자, 할머니가 내게 사뭇만 시시콜콜 물었다.
"얘, 너는 왜 비 오는 날 앞이 터진 구두를 신었니? 옷이 너무 얇지 않니? 추워 보인다."
나는 간신히 어색한 미소를 보였다. 그러나 속으로는 뽀로통하게 혼잣말을 했다.
'내가 비 올 줄 알았냐고요! 제발 그만 쳐다보고 앞을 좀 보시라고요!'
목적지에 도착하니 조금씩 흩뿌리던 비가 어느새 후둑후둑 제법 굵은 빗방울로 바뀌었다. 모두들 준비해온 스웨터와 방수 점퍼를 꺼내 입었다.
'쳇, 다들 준비성도 철저하셔!'
나만 혼자 비 맞고 서서 꽈배기처럼 배배 꼬여 있었다. 그런데 할머니께서 흰 비옷을 꺼내더니 내게 선뜻 내미셨다.
"난 우산이 있으니까 괜찮아. 어서 입어."
머리에 비닐 보넷을 쓰고 턱 밑이 조여지게 꽉 묶은 할머니는 아기처럼 살포시 웃으셨다. 우산까지 씌워주시는 바람에 할머니와 함께 걷게 된 나는 본격적인 영어의 구렁텅이에 빠지게 되었다.

"나는 토론토에 살아. 지금 잠시 프라하에 아들을 만나러 왔지. 체코는 어디어디 가 봤니? 여행은 정말 좋은 것 같아."
할머니의 수다는 끝이 없었다. 가이드의 설명에 대해서도 자꾸만 내 생각을 물었다.
"저 성에 대한 가이드의 설명에 대해 어떻게 생각하니?"
사실, 속사포처럼 빠른 가이드의 영어 설명을 나는 반 정도밖에 이해하지 못했다. 중간중간 놓치는 게 많았지만, 대충 알아듣는 척 하고 있을 뿐이었다. 그러니 할머니의 빗발치듯 쏟아지는 질문은 그저 긴장의 연속이었다.
점심 식사 때가 되자, 할머니는 미리 점찍어둔 몇몇을 불러 모아 한 테이블에 앉히셨다. 이 오지랖 넓으신 할머니 덕분에 모두 여섯 명이 함께 둘러앉아 식사를 하게 되었다. 나, 토론토 할머니, 풍뚱한 러시안 형제, 그리고 중국 아저씨 두 명. 할머니를 제외하면 모두 비영어권이었다. 나는 안심을 하며 식사에만 집중하리라 생각했다. 그런데 웬걸! 홍콩대학 교수인 중국 아저씨들은 토론토 대학을 나왔다고 하고, 러시안 형제는 지금 캘리포니아에 살고 있다고 한다. 헉, 내 영어 실력이 꼴찌잖아! 잔뜩 긴장하며 기죽어 있는 내 앞에서 그들은 쏼라쏼라 빠르게 떠들어대기 시작했다. 그러다 나에게만 "넌. 어. 떠. 니?" 하고 천천히 물어주었다. 그야말로 자존심 심하게 구겨지는 순간이었다.
'빨리 탈출해야지. 자유 시간에는 몰래 일행들 틈에서 빠져나오리라. 혼자 돌아다니며 씨나몬 향기 솔솔 나는 빵도 사먹고, 에곤쉴레 박물관도 혼자 가리라. 탑 위에서 셀카질도 하리라.'
하지만 자유 시간이 되어도 토론토 할머니는 나를 놓아주지 않으셨다.
"애야, 넌 나랑 같이 다니자. 그리고 여자끼리 다니면 위험하니까, 아까 그 홍콩대 교수들도 함께 다니자."
모든 게 할머니의 계획대로 되었다. 비옷을 빌려주시고, 내 젖은 발을 걱정해주신 할

머니의 청을 차마 거절하지 못했기 때문이다. 할머니와 짝꿍이 되어 체스키 크롬로프를 여행할 줄이야! 여행은 정말 예측 불가능한 변수의 현장이다.
돌아오는 버스 안에서 나는 곯아떨어져 버렸다. 하루 종일 할머니의 영어를 이해하느라 진땀을 뺀 탓이다. 숙소에 도착할 무렵, 겨우 눈을 떠보니 어느새 옆자리가 비어있었다. 토론토 할머니께서 이미 내리신 후였다.
'깨워서 인사라도 하게 해주시지!'
왠지 아쉬움이 밀려왔다.
'자느라 인사도 못 드렸네요. 죄송해요, 할머니.'
혼자 입엣 밀을 중얼거렸다.

언젠가 다시 체스키 크롬로프를 오면 토론토 할머니를 만날 수 있을까.
"애야, 넌 왜 옷을 이렇게 입고 왔니? 신발은 그게 뭐니?" 꼬치꼬치 묻고, 참견하고, 챙겨주던 할머니. 토론토에 가면 만날 수 있을까.
평생 단 한번 만나게 되는 어떤 인연이 있다. 내가 길을 잃었을 때 스스럼없이 다가와 친절하게 길을 알려준 누군가. 혹은 핸드폰을 떨어뜨리고 가던 내게 '이거 당신 꺼 아니냐'고 헐레벌떡 뛰어와 핸드폰을 전해주던 누군가. 옷깃만 스쳐도 인연이라는데, 굳이 마주치지 않아도 될 사람이 평생 한번 나에게 다가와 친절한 도움을 주고 사라지는 경우가 종종 있다. 이것을 '인연'이라는 말 이외에 어떤 말로 설명할 수 있을까. 체스키 크롬로프는 인연을 맺기에 좋은 곳이다.

작은 인연 2

체코 까를로비 바리 • Karlovy Vary

프라하는 승무원들이 가장 좋아하는 곳 가운데 하나다. 그러나 대한항공이 취항하기 전에는 늘 그림의 떡이었다. 그 이름도 슬픈 '갈 수 없는 나라'! 그러다 처음 취항했을 때, 모두들 흥분했다. 수학여행 가는 학생들처럼 신나했다. 모든 승무원이 함께 시내 투어도 갔다. 다들 처음이니까. 처음은 늘 그렇게 좋다. 그런데 문제는 점점 식상해진다는 거다. 특히, 나처럼 자꾸만 같은 스케줄이 나오면 더 빨리 시들해진다. 그런데도 프라하가 처음이라는 동료가 있으면 또 함께 시내 투어를 가게 된다. 갔던 곳만 또 가고, 했던 것만 또 하고. 그러기를 몇 번 반복하다가 갑자기 억울한 생각이 솟구쳤다. 이건 아니잖아! 단호하게 동료들을 뿌리치고 혼자라도 다른 곳을 가보리라, 마음을 굳게 먹었다. 호텔 컨시어지에서 까를로비 바리 투어를 예약했다.

다음 날 아침, 기사 겸 가이드가 호텔로 나를 데리러 왔다. 황송! 나를 태우고 다른 호텔로 가더니, 노부부를 태웠다. 그러더니 하는 말, 오늘 투어 인원 끝! 이런 황당!

패키지 투어 인원은 보통 십여 명은 되기 마련인데, 달랑 세 명뿐이라니! 운전석 옆 자리에 내가 앉고, 뒷자리에는 할머니와 할아버지가 앉았다. 흡사 할머니, 할아버지와 함께 여행 온 손녀딸 같은 분위기였다. 게다가 어느 나라에서 왔냐고 묻기에 한국에서 왔다니까 할머니, 할아버지는 내게 급호감을 갖기 시작하셨다.

이유인즉, 미국인 할머니의 여동생께서 한국 남자아이를 한 명 입양했다는 것이다. 그런데 그 아이가 너무나 사랑스럽고 영리하며, 지금은 좋은 대학에 다니고 있다고 한다. 해외입양이라는 아픈 그늘 덕에 뜻하지 않은, 과분한 관심과 보살핌을 받게 된

나. 할머니, 할아버지께서는 '원나영'이라는 내 이름을 그냥 '원'하고 부르며, 친 손녀딸처럼 대하셨다.

까를로비 바리에서는 관광객들이 기념품 컵을 하나 사서 온천마다 돌아다니며 온천수 맛을 본다. 남들 하는 것은 웬만하면 다 해봐야 한다는 평소 지론에 따라, 나는 당연히 컵을 하나 사려고 했다. 그러자 할아버지께서 조용히 말리셨다.

"원, 그 컵은 너무 어글리ugly해. 사지 않는 게 좋겠어."

남들 다 한 번씩 마셔보는 온천수를 안 먹을 수 있나 싶어 먹어볼라치면 할머니께서 다가와 내 옷소매를 잡아끄셨다.

"어휴, 맛이 이상해. 원, 이 온천수 마시지 마."

위장병에 좋아서, 일부러 사람들이 찾아와 요양을 하며 마신다는 물을 맛도 못보고 돌아서야 하는 쓰린 마음을 어디 가서 하소연하나. 아쉬워하는 내게 대신 할머니, 할아버지께서는 맛난 식사를 사주셨다. 치킨 스프, 닭가슴살구이에 케이크, 맥주와 커피까지 풀코스로.

올레~ 입 꼬리가 자꾸만 귀에 걸렸다.

우리는 모제르Moser숍에도 갔다. 모제르는 세계적으로 유명한 크리스탈 브랜드이다. 영국왕실에서도 쓴다는 이 크리스탈은 보석이라 불릴 정도라고 한다. 크리스탈이라면 파카박에 모르던 내게 할머니는 모제르라는 브랜드에 대

189

해 자세히 알려주셨다.
"원, 이것 봐. 정말 멋지지 않니? 우리 어머니가 풀셋트를 가지고 계시다가 내게 물려주셨던 거랑 똑같아."
은근슬쩍 가격표를 보았다. 일, 십, 백, 천, 만…… 뒤에서부터 숫자를 세어보다가 나도 모르게 헉, 입이 벌어졌다. 예쁘기는 한데 너무 비쌌다.
"예쁘기는 하네요~"
나는 커다란 꽃무늬가 조각되어 있는 스타일이 마음에 들었다. 할머니는 갈대 밭 위에 새가 날아가는 동양적인 스타일이 좋다고 하셨다. 사이좋은 할머니와 손녀딸처럼, 우리는 서로 이것저것 추천하며 즐거운 한 때를 보냈다.

베체로프카Becherovka라는 전통 술 박물관 견학도 갔다. 한참 설명을 듣다가 시음을 하고 나오려니까 직원은 술을 구입하라고 권유했다. 나 혼자였다면, 아마 우물쭈물 망설이다 할 수 없이 술 한 병 사들고 나왔을 것이다. 그런데 할머니께서 내 손을 꼭 잡으시더니, 똑 부러지게 말씀하셨다. 우리 부부는 술을 못 마시고, 저 아이는 사실 미성년자라고!

서른 넘은 나이에 미성년자 행세를 하게 되다니! 하지만 어쨌거나 그들은 할머니 말을 믿었고, 덕분에 쓸데없는 지출을 막을 수 있었다.

헤어지기 전, 할머니는 내게 뜬금없이 물으셨다.

"너 한국에서 모델이니?"
이런 황송할 데가!^^ 나는 웃으며 손사래를 쳤다. 하지만 내가 정말 모델일지도 모른다고 생각하시는 눈치였다.
"사실을 말해도 괜찮아" 하셨지만, 나는 끝내 모델이 아니라 스튜어디스라는 말을 하지 않았다.
지구 반대편에는, 나를 모델로 생각하는 할머니, 할아버지께서 사신다. 이십여 년 전, 미국으로 입양된 한국 남자아이의 이모와 이모부인 그들. 언어와 생김이 달라도, 태어난 곳이 달라도, 아무리 멀리 떨어져 살아도, 인연이 닿으면 이렇게 한 번이라도 만나게 되는 것이다.

아파도, 귀찮아도 일단 **고고!**

터키 이스탄불 • Istanbul

호텔 창밖으로 보이는 날씨가 화창했다. 몸이 좋지 않아서 오늘은 그냥 쉬어야지, 했었는데 마음이 순식간에 바뀌었다. 반짝반짝 빛나는 햇살을 보니까 도저히 방 안에만 있기는 아까웠다. 피곤하고 귀찮아도 일단 나가보자! 빈둥거리는 것보다는 나을 거야. 카메라만 챙겨들고 밖으로 나왔다. 그러나 막상 갈 곳이 딱히 없었다. 무작정 트램을 탔다. 무조건 끝까지 가보자는 생각으로, 종점인 카바타스 Kabatas 역에서 내렸다. 한 십 분 남짓 걸었을까. 돌마바흐체 사라이 Dolmabahce Sarayi 가 나왔다. 궁전 안으로 들어가기 위해서는 한 시간을 기다려야 했다. 그러나 궁전의 외관부터가 너무 아름다워 포기할 수가 없었다. 뙤약볕 아래 한 시간 동안 서 있었더니 핑그르르 어지럼증이 일었다. 컨디션도 좋지 않은데 왜 여기까지 왔을까, 잠시 후회가 스쳤다. 그러나 꿋꿋하게 인내하여 마침내 입장했다. 신발에 비닐 커버를 씌우고 궁전으로 들어간 순간.
두구두구 둥둥둥~!
궁전 내부의 눈부신 아름다움에 어지럼증도, 한 시간씩 기다렸던 짜증도 한 순간에 날아가 버렸다. 궁전 창밖으로는 보스포루스 해협이 보이고, 대리석과 크리스탈이 조화를 이룬 실내는 화려함의 극치를 보여주었다. 나선형의 계단마다 깔린 카펫, 세계에서 가장 크다는 샹들리에, 유리로 만들어진 천정, 금장식으로 치장된 소파와 장식품들.
'아, 이런 걸 가지고 럭셔리라 하는구나. 이 정도가 아니면 럭셔리가 아니구나.'
입을 다물지 못하고 돌아다녔다.
방마다 금방이라도 왕과 왕비가 망토자락을 끌며 튀어나올 것 같았다. 영화나 동화책에서 보던 왕의 집.
천정 그림 하나에서도 예술의 향기가 흘렀다. 컵, 촛대, 창문까지도 예술 아닌 게 없었다. 이런 궁전에서는 쓰레기통도 예사로 보이지 않았다.

궁전 구경에 빠져, 현실로 돌아가고 싶지 않았다. 그러나 하는 수 없이 아쉬운 발길을 돌려, 다시 트램을 탔다. 그리고 스파이시 바자르 Spicy Bazzar 에서 내렸다.

멀리 갈라타 타워가 보이는 부둣가 앞에서 생선 굽는 연기가 계속 올라왔다. 수많은 관광객들과 찬란한 햇살이 광장 안에 가득했다. 무명의 화가들이 캐리커쳐를 그리고 있었다. 흔쾌히 나도 화가 앞에 앉았다. 동양 여자의 캐리커쳐를 구경하기 위한 사람들이 금세 내 뒤를 둥그렇게 에워쌌다. 화가의 표정이 어찌나 진지한지, 하마터면 푸핫 헛웃음을 터뜨릴 뻔했다. 그러나 완성된 그림을 보니, 영 아니올씨다였다.

'이게 나라고? 개그우먼 박미선 닮았는데? 쩝쩝!'

어쨌거나 기분 좋게 돈을 지불하고 내 캐리커쳐와 나를 그린 화가의 캐리커쳐 화보집까지 선물로 받아가지고 일어섰다. 궁전에서 너무 좋은 그림들로 눈을 버려놔서 그런지, 거리의 화가가 그려준 그림이 아무래도 성에 차지 않았다.

'내가 진짜 이렇게 생겼나?'

갑자기 나의 외모에 대한 자신감이 급하강 하기 시작했다.

'아니 뭐 돌마바흐체 사라이의 주인처럼은 안 생겼어도 이 정도는 아니잖아.'

애써 부정하려 했으나, 자꾸만 의심이 들기 시작했다.

'그래서 접근해 오는 남자가 없나. 터키 남자들은 한국여자만 보면 난리가 난다던데……. 선배들이나 여행기를 읽어봐도 터키에서 어지간한 로맨스 하나쯤은 모두 가지고 있던데. 나는 뭐냐고. 아까 치아 누렇게 변하신 할아버지 한 분이 자기 택시 타라

고 치근덕댄 거 말고는 말 걸어주는 이조차 없으니! 터키 남자들, 여자 볼 줄 모르네!'
다시 트램을 타고 술탄 아흐멧 Sultan Ahmat역에 내렸다. 맘에 안 드는 캐리커쳐를 옆구리에 끼고 혼자 구시렁대며 펠트가게로 들어섰다.

펠트로 만든 몽골 스타일의 모자가 색깔 별로 모양 별로 수백 개가 있는 가게였다. 손님이 한 명뿐이어서인지, 주인은 몹시 친절했다. 내가 잘 구경할 수 있도록 한 층 한 층 안내하며 불을 켜주었다. 키가 크고 반듯한 남자였다.

그런데 이 남자, 내가 물건을 다 구경하고 나니까 자꾸만 꼬치꼬치 캐물었다. 이스탄불에는 며칠이나 더 있을 거냐, 터키에서 힌국까지 비행기 요금이 얼마냐, 비행 시간은 얼마냐……. 나는 심드렁하게 대답했다.

'아참, 아저씨. 궁금한 것도 많으시네.'

그러다 막 가게를 나오려는 찰나, 이 남자가 드디어 본론을 꺼냈다. 오늘 저녁에 시간 있냐고. 좋은 식당에서 저녁 식사를 하면서 이야기를 나누고 싶다고. 신비롭고 아름다운 눈을 가졌다고.

'뭐야? 지금 데이트 신청?'

당황한 나는 엉겁결에 '미안하지만 한국은 이미 새벽 한 시라서 난 자야 한다. 오늘 하루 종일 몸이 안 좋았다'라고, 부드럽게 거절했다. 아직은 컨디션이 불안정한 건 사실이었으니까. 그러자 주인은 너무 아쉬워했다. 다소 미안한 마음이 들어, 내 카메라를 넣을 조그만 펠트주머니를 하나 사가지고 나왔다. 마음속에서는 나도 모르게 켈켈켈 웃음이 번졌다.

내 맘대로, 여행을 말하는
일곱 가지 방식

#주황

친숙하면서도 낯선 아시아의 빛깔

나의 첫 **싸구려 패키지여행**

중국 베이징 • Beijing

북경 3박4일 대한항공 직항 17만9000원!!

'오잉?? 진정 17만9000원?'
신문에 난 특급 광고에 마음을 빼앗긴 나는 과감하게 여행을 결정했다.
베이징을 자주 왔다갔다 했지만 한 번도 제대로 돌아보지 못했다. 베이징은 짧은 거리 때문에 늘 같은 비행기를 타고 되돌아와야만 하는 퀵턴 코스다. 매번 베이징에 갈 때마다 두 시간이상 머물러 본 적이 없었다.
'그래, 한번 가주겠어!'
무작정 패키지 요금을 여행사에 송금해버렸다. 그런데 온라인송금보다 더 빠른 속도로 후회가 스멀스멀 밀려왔다.
'아무래도 너무 싸. 이상한 패키지면 어쩌지? 중국으로 팔려가는 건 아니겠지?'
베이징 패키지 여행 출발일이 됐다. 비행을 끝마친 뒤라 몸은 절은 배추처럼 늘어졌다.
'괜한 짓 했나 보다.'
하지만 생돈을 날릴 수 없었던 난 대충 옷만 갈아입고 집합 장소로 갔다.

나와 함께 여행을 할 일행 분들은 모두 열 명. 그러나 안타깝게도 죄다 넉넉하고 인자해 뵈는 할머니, 할아버지들이시다! (유난히 할머니, 할아버지 복이 많은 나!) 낯선 데 끌려온 초등학생처럼 어정쩡하게 끼어 앉은 내 모습이라니. 아니, 왜 우리의 젊은이들께서는 이 저렴한 패키지에 안 따라나선 거냐고들!
하지만 해맑게 웃으며 인사를 드렸다.
"네, 반갑습니다."
"아이고, 이렇게 예쁜 아가씨랑 함께 여행도 가고 좋네그려!"
"네, 저도요. 어르신들과 함께 가니까 마음이 편해요."
이상한 인신매매 패거리는 아닐 것이라는 점에 안도하고 있을 때 가이드가 오묘한 멘트를 던졌다.
"다들 잘 아시겠지만 우리 시스템에 적극적으로 협조 좀 해주세요. 아셨죠?"
일행 모두 고개를 주억거렸다. 패키지여행이 처음인 나만 어리둥절한 표정이었다. 그렇다고 '저는 모르겠는데요?' 하고 손을 들 수도 없어서, 뭘 협조하라는 건지 헷갈리는 채로 공항을 빠져 나갔다.
'그래, 내가 기꺼이 가주겠어. 17만9000원이잖아!'

그러나 도착 다음날 아침 뷔페부터 나의 모진 결심은 사정없이 흔들렸다. 새벽잠이 없으신 나의 동행 분들께서는 일찌감치 와자하게 식사들을 하고 계셨다. 나만 혼자 뒤늦게 부랴부랴 합류를 했는데, 음식 맛이 처절했다.
커피는 커피믹스에 물을 한 대접 부은 것 마냥 밍밍했다. 술에 술 탄 듯, 물에 물 탄 듯, 정말 우유부단한 커피야! 널 어쩜 좋으니?
오렌지 주스는 진짜 오렌지가 1%도 들어가지 않았다고 광고를 해도 좋을 만큼 오리지널 불량식품 가루만으로 만들어진 것이 분명했다. 첨가물이 1%도 들어가지 않은 100% 오렌지 주스를 기대하지는 않았어도, 이건 아니잖아~!

하는 수 없이 우유를 따랐다. 흰 우유라면 그냥저냥 먹을 만하겠지 싶었다. 그러나 이건 뭔가. 밀가루 포대에 대량으로 담긴 전지분유를, 그것도 아까워하며 겨우 한 스푼 넣고 한 솥의 물을 부어 만들어낸 우유, 흐리멍텅 놀라운 우유의 맛!

그러나 돈 내고 굶을 수야 없어서, 볶음면을 조금 깨적이다 주섬주섬 일행을 따라 나섰다. 그리고 우리는 본격적인 투어에 들어갔다.

누에고치에서 실 뽑는 것도 보고, 라텍스 공장도 가고, 술가게, 보석 가게, 약방까지 두루 섭렵했다. 아니 그런데 나의 일행 분들은 아무래도 이 패키지에서 베이징을 떠가기로 작정을 하신 듯 했다. 가는 곳마다 명주이불 세트에, 라텍스 매트리스에, 베개까지 세트로 구입하셨다. 게다가 술이면 술, 보석이면 보석, 약이면 약……. 중국 제품에 한 맺히신 게 있으신지 계속계속 사셨다. 자제분들께서 용돈을 두둑이 주셨나.

어느새 가이드의 표정에서는 헤벌쭉 웃음꽃이 피어났다. 아, 그제야 나는 알아차렸다. 출발할 때 가이드가 부탁한 협조가 아주 잘 이루어지고 있음을.

나는 아무 것도 사지 않았지만, 넉넉하고 인자하신 일행을 잘 만난 덕분에 근사한 저녁식사까지 얻어먹을 수 있었다. 내가 얻어먹은 것만 해도 족히 17만9000어치는 건졌지 싶었다. 그러나 두 번 다시 효도관광 패키지에는 연루되지 않으리라.

"딱 20분 드립니다. 꼭대기에서 사진 한 장씩 찍고 내려오세요. 여기나 저기나 다 똑같으니까 다리 아프면 안 가셔도 돼요. 자, 빨리!"

만리장성에 가서, 그 좋은 날씨에도 불구하고 달랑 20분밖에 머무를 수 없는 여행이라면 7만9000원이라도 이젠 절대 사양이다. 협조가 급한 가이드는 우리에게 지름신이 내릴 기회만을 허락했다. 애초부터 베이징 따위에는 관심도 없는 패키지였던 거다.

가이드를 따라 이 가게 저 가게로 끌려 다니다 3박4일 일정이 끝나버렸다. 이번에는 베이징을 제대로 보리라던 나의 기대는 허망하게 무너졌다. 베이징과 나의 운명은 닿을 듯 말 듯 또다시 손끝만 스쳐가고만 것이다.

참기름 뿌린 김치를 맛보세요!

태국 방콕 • Bangkok

입사하던 2001년부터 선배들을 따라 자주 갔던 식당이 있다. 지금도 방콕에 갈 때면 매번 들르게 된다. 수쿰빗 맨하탄 호텔 1층에 있는 레스토랑이다. 지금은 주방장이 바뀌어 음식이 조금 변했고, 가격도 올랐다. 그런데도 나는 지금껏 십년 째 그 식당을 찾는다.

언젠가부터 주방장은 한국인 승무원들이 자주 오자, 김치를 서비스하기 시작했다. 그런데 한국식 김치 레시피를 충분히 숙지하지 않았는지, 주방장의 첫 김치는 소금에 충분히 절여지지 않았다. 덕분에 김치는 파슬파슬 배추가 살아서 돌아다녔다.

"이 김치 겉절인가 봐. 참기름 뿌려 먹으면 맛있겠다."

누군가 참기름을 달라고 했고, 너도나도 참기름 뿌린 김치를 맛있게 먹었다. 이때부터 식당에서는 한국인들이 원래 김치에 참기름을 뿌려 먹는다고 생각한 모양이다. 그 다음부터는 무조건 승무원들이 오면, 김치를 일인당 한 접시씩 나눠주고 으레 참기름 병도 함께 서비스 한다. 그야말로 고춧가루와 오일을 뿌린 즉석 배추 샐러드 되시겠다. 하지만 아무려면 어떠랴. 손님에게 최선을 다하려는 그들의 마음에 감동받은 이상, 나는 의리로 십년 째 그 집을 드나든다. 물론 음식 맛도 나쁘지 않다.

호텔 레스토랑을 학교 앞 분식집 삼았던 우리들. 여고생들처럼 이것저것 잔뜩 시켜놓고, 함께 먹고 떠들던 우리들. 이제는 선배보다 후배들이 더 많은 위치가 되었지만, 방콕 맨하탄 호텔 레스토랑에는 서툰 신입 승무원이었던 나와 동료들의 추억이 묻어 있다. 참기름 뿌린 김치처럼 고소한!

p.s 식사 후에는 코코넛 안에 주문한 아이스크림을 담아
내온다. 코코넛 속살을 스푼으로 쭈욱 벗겨
아이스크림 한 스푼과 함께 떠먹는 그 맛 음~yummy!!

분차는 차가 아니라고요!

베트남 하노이 • Hanoi

베트남 하노이에 가면 늘 빼놓지 않고 들르는 식당이 있다. 하노이 타워 제일 꼭대기 층에 있는 '자파스'라는 레스토랑이다. 시설도 좋고, 맛도 좋고, 서비스도 좋아서 언제나 외국인 손님들이 북적인다. 이곳에 그 말 많고 탈 많은 '분차'가 있다.

"분차? 녹차도 아니고 말차도 아니고 분차? 배고픈데 차는 무슨!"

"아니, 여보세요! 분차는 차가 아니라고요!"

면박을 당하던 시절이 내게도 있었다.

분차 Bun Cha 가 차가 아니라 음식이란 사실을 머리털 나고 처음 알게 된 나!

촌티 풀풀 풍기며 선배들을 따라 처음 간 곳이 바로 '자파스'였다. 분명 찻집은 아니었던 그곳.

'차는 아니어도, 이름 상 무슨 가루가 들어간 음식일 거야. 틀림없이.'

끝까지 꽁한 오기를 접을 수가 없었다. 도대체 어떤 음식인지 두고 보겠어, 하는 심보로 눈에 잔뜩 힘을 주고 음식을 기다렸다. 그러나 분차의 반전에 나는 여지없이 백기를 들고 말았다. 분차라는 이름이 가진 뉘앙스와 전혀 어울리지 않는 돼지고기 요리의 등장이라니!

먼저 뜨거운 철판 위에 지글지글 돼지고기를 굽는다(어떤 곳에서는 돼지고기를 숯불에 구워 주기도 한다). 노릇하게 구워진 돼지고기를 허브와 쌀국수에 싸서 새콤달콤 소스에 살짝 담가 먹는다. 상추와 배추, 무 등 각종 쌈 싸먹는 거에 일가견이 있는 나지만, 국수에 고기 싸서 국물에 담가 먹는 건 보다보다 처음이다.

그런데 요 야릇한 녀석, 너무 맛난다. 허브와 쌀국수가 돼지고기의 느끼함을 싸악 잡아준다. 고깃살은 입 안에서 살살 녹는다. 아, 요놈을 내가 왜 이제야 만났단 말인가. 갑자기 분차 맛을 모르고 살아온 세월들이 사무치게 아깝기까지 했다.

나만 몰랐던 이 음식은 알고 보니 굉장히 유명한 베트남의 전통음식이었다.

베트남 사람들이 좋아하는 가장 대중적인 음식 가운데 하나. 남들 다 아는데 왜 지금 껏 나만 몰랐을까. 세상에는 나만 모르는 것들이 너무 많다. 세상이 자꾸 나만 왕따 시키는 것 같을 때, 특히 먹는 걸로 왕따 시킬 때 나는 서럽다. 서러워서 한 맺힌 듯 먹 어댄다.

다 먹고 나면 동남아식 커피를 주문한다. 완전 쓴 한약 커피다. 그러나 괜찮다. 신대 륙 발견에 버금가는 신 음식 대 발견에 모든 걸 용서한다. 한약 커피와 함께 달콤한 케이크 한 조각을 곁들어 먹으면 행복감이 몰려든다. 아, 이 맛에 산다.

그 날 이후, 분차 식당은 나의 단골집 명단에 당당히 이름을 올렸다.

베트남에서의 **브런치 메뉴**

베트남 호치민 • Ho Chi Minh

베트남 하면 떠오르는 음식, 쌀국수! 베트남에서는 국수류를 퍼 혹은 포(PHO)라 부른다. 국수를 좋아하는 그들은 아침부터 저녁까지 하루 세 끼 모두 국수를 먹기도 한다. 식전 댓바람부터 포장마차 앞에 줄서서 퍼를 먹는 그들이 내 눈에는 영 이상해 보였다.

'아무리 국수를 좋아한대도 꼭두새벽부터 국수는 좀 그렇잖아?'

남의 나라 문화에 괜히 입 삐쭉거리며 딴지를 걸어댔던 나. 그러나 웬걸! 쌀국수 아침식사에 완전 꽂혀버렸다.

보통 베트남 호치민에 도착하면 밤 10시(한국시간 밤 12시)쯤 된다. 호텔가서 씻고 정리하면 새벽 두시가 넘는다. 당연히 다음날은 늦잠을 좀 자주셔야 한다. 느지막이 일어나 아침 겸 점심 메뉴를 고른다. 머리로는 멋쟁이 유러피안이나 뉴요커처럼 커피와 베이글 따위를 근사하게 먹고 싶은데, 토종 한국인인 내 몸에서는 뜨끈한 국물요리를 원한다. 그 때 나의 몸을 생각해 떠올린 메뉴가 퍼다.

베트남에는 쌀국수 체인점 PHO24, PHO 2000, 퍼 호아 등이 자주 눈에 띈다. 입이 깔깔할 때, 속이 출출할 때 시내 어디서든 만날 수 있는 이들 체인점을 강추한다. PHO 2000은 빌 클린턴이 방문해서 유명해졌다고 하는데, 개인적으로 맛은 PHO24나 퍼 호아가 더 좋다. 정말 국물 맛이 끝내준다. 쇠고기 육수를 쓰는 퍼 보 PHO BO와 닭고기 육수를 쓰는 퍼 가 PHO GA 모두 담백하고 맛있다. 아삭아삭 씹히는 숙주와 라임의 향도 빼놓을 수 없는 베트남 퍼의 매력이다. 한국에도 PHO24 체인점이 들어와 있지만, 현지 맛과는 다르다.

튀김 빵처럼 생긴 꿔를 국물에 담가먹는 것도 별미다. 특히, 내가 좋아하는 것 가운데 하나는 새우 스프링롤이다. 늘 혓바닥 데는 줄도 모르고 허겁지겁 베어먹게 된다. 바삭바삭한 튀김옷과 탱탱한 새우살 씹히는 맛에 반해서.

그런데 꼭 하나, 주의할 게 있다. 베트남에서는 반드시 물티슈나 휴지를 챙기시라. 식당에 냅킨이 없고, 물수건은 돈 받고 판다.

뜨거운 국물을 후후 불어 넘기다 보면 땀에, 콧물까지 흘러내리기 일쑤. 그러나 물수건 돈 내고 쓰는 게 왜 그렇게 아까운지, 나는 늘 손으로 쓱쓱 문지르거나 훌쩍훌쩍 들이마시느라 애쓴다. 가방 속에 휴지만 넉넉하게 들어있다면, 브런치 메뉴로 퍼는 후회 없는 선택이다. 세련된 브런치는 유럽이나 뉴욕 가서 찾고, 베트남에서는 퍼를 먹자. 브런치 메뉴로 딱 좋아, 딱!

우연을 부르는 간식, **로띠**

태국 치앙마이 • Chiang Mai

추운 겨울, 길거리에 서서 어묵 국물 호호 불어가며 먹는 맛! 끝내준다. 흑설탕이 꿀처럼 흐르는 호떡! 계피 맛이나 땅콩 맛까지 입안에 퍼지면 둘이 먹다 하나 돌아가셔도 잠시 모른 채 하고 싶어진다. 드라마에서는 재벌가 왕자님이 캔디 같은 여자와 난생처음 길거리 표 떡볶이를 먹으며 데이트 한다. 신기해하고 재밌어 하는 왕자님의 표정에서는 자유로움이 넘친다. 비싼 스테이크에는 없고, 길거리 음식에는 있는 달달한 자유! 그것이 바로 불량한 음식에 담긴 치명적인 유혹이다.

군것질 욕망을 불러일으키는 길거리 음식이 태국 치앙마이에도 있다. 반죽을 착착 흔들면 신기하게도 만두피처럼 생긴 것이 점점 얇게 펴진다. 그 위에 바나나를 올리고 속이 안 보이게 착착 싼 뒤 연유 같은 달달한 소스를 뿌리면 끝.

태국 어디에서나 흔하게 볼 수 있는 이 길거리 음식이 가끔 사무치게 그리울 때가 있다. 혼자 먹는 밥이 맛없을 때, 돈 없고 배고플 때, 먼저 연락하기는 싫고 소식은 궁금한 누군가가 떠오를 때. 그 때마다 나는 로띠가 먹고 싶다.

북적이는 거리에서 로띠를 먹으려다가 우연히 궁금했던 누군가를 만나게 되는 상상. 길거리의 로띠는 그런 일상적이면서도 드라마틱한 우연을 만들어내기에 안성맞춤이다.

"어머나! 이런 곳에서 만나다니!"

잠깐 놀란다.

로띠가 만들어지는 동안 무심한 듯 잘 지냈냐고 묻는다.

어색한 침묵이 흐르면 "로띠 좋아해? 맛있지?" 하는 말로 대화를 이어간다. 서로의 로띠를 다 먹을 동안만 잠시 서서 이야기를 나누다가, 아무렇지도 않게 다시 헤어지는 관계.

"그래, 잘 지내고!"

다시 보자는 말도 없이 돌아서더라도 괜찮다. 입안에 남아있는 부드럽고 달콤한 로띠의 맛이 위로가 될 테니까.

"걔 요즘 어떻게 사나?"

나를 떠올리는 누군가가 있다면, 그렇다고 먼저 연락하기는 싫고 그저 우연히 보게 되는 일이 생기길 바란다면 길거리에서 로띠를 드시라. 바나나 향기가 다 사라지기 전에 내가 어깨를 툭, 치며 다가갈지도 모르니.

사막의 **오아시스에서 춤을!**

중국 투루판 • Turufan

가도 가도 끝없는 타클라마칸 사막. 마치 옷을 입고 건식사우나에 앉아 있는 것 같은 사막의 열기를 뚫고 지나자, 갑자기 푸른 나무들이 언뜻언뜻 나타났다.
저기구나! 낙타를 타고 가던 사람들이 학수고대하며 찾았을 오아이스! 여기는 사막의 오아시스 도시, 투루판이다.
이곳에서 동양과 서양이 만났다. 끝도 없이 펼쳐진 사막 길을 따라 상인들은 걷고 또 걸었겠지. 그것은 단순히 비단 한 장을 팔기위한 길이 아니었다. 사람이 만나고 문화가 만나는 거대한 교류의 장이었으리라. 이곳이 바로 학창시절 세계사 시간에 나를 그토록 괴롭히던 실크로드의 현장인 것이다(그 때는 그곳의 역사가 왜 그렇게 낯설고 어려웠는지!).
7월에는 50도를 오르내리고, 겨울에는 영하 30도를 오르내리는 척박한 사막의 땅에서 사람들은 비단을 팔았다. 그리고 포도나무를 심었다. 물이 부족한 사막의 분지에서 사람들은 어떻게 살았을까. 어떻게 포도나무를 키워냈을까. 그러나 인간은 환경을 탓하지 않았다. 어떻게든 주워진 환경을 개척하고, 적응하며 살아냈다. 중국 천산의 눈이 녹아 흐르는 물을, 수천 킬로미터의 지하수로를 통해 끌어온 인간의 지혜가 놀랍다. 만리장성을 쌓은 인간의 힘, 지하수로 카레즈를 만든 인간의 힘. 가장 나약한 동물인 것 같은 인간의 힘이 불가사의를 만들어냈다.

삼국지와 더불어 인간이 창조해 낸 위대한 문학작품 가운데 하나인 〈서유기〉의 무대도 이곳이다. 손오공이 파초선이란 부채 하나로 불씨를 끄고 비를 내리게 해서 화염산을 건넌다는 이야기가 나온다. 서유기를 읽을 때는 그저 이름이 그런가보다, 했다. 그런데 직접 투루판에 와서 화염산을 보니, 정말 이글이글 타오르는 산이었다. 산 전체가 붉은 사암이고, 진짜 활활 타오르는 것처럼 세로로 무늬가 패여져 있었다. 표면은 잘 달궈져, 삼겹살 한 점 던져놓으면 지글지글 익어버릴 듯 했다. 인간의 상상력은 결국 자연을 뛰어넘을 수 없겠다는 생각이 문득 들었다.

손오공의 파초선은 없었지만, 다행이 화염산을 무사히 지났다. 갈수록 덥고 건조한 날씨에 내 몸의 수분이 바짝바짝 말라갔다. 그 때 민가에서 시원한 수박과 살구, 메론 따위를 대접 받았다. 게다가 그 집 아들과 딸이 나와서 위구르족의 춤을 보여주었다. 우리 일행 가운데 한 명도 위구르족 남자의 프로포즈를 받고 불려나가 함께 춤을 추었다. 긴 치마와 긴 머리를 날리며, 잠시 위구르족과 하나가 되었다.

이천 년 전에도 동양에서 온 여자와 위구르족의 남사가 만나 사막의 오아시스에서 이렇게 춤을 추었을까. 전혀 다른 세계에서 만난 두 남녀가 사랑에 빠질 수 있었을까. 실크로드에서의 사랑이라, 그런대로 낭만적이었다.

우리에게 춤을 선사한 그 집은 그냥 민가가 아니었다. 건포도를 파는 가게였다. 그러니까 춤은 건포도를 팔기 위해 보여주는 '미끼'였던 것이다. 세계의 도시를 주름잡는(?) 우리들이 그들의 얄팍한 수를 모를 리 없었다. 다만, 더위를 식혀준 것에 대한 답례로 모른 체 낚이는 것뿐이었다.

사막의 뜨거운 태양을 받고 자란 투루판의 포도, 그 포도를 사막의 열기로 말린 건포도. 한 알을 씹어도 꿀물이 배어나오는 것처럼 달았다. 가격도 저렴했다. 일행 모두는 건포도를 듬뿍 샀다. 하지만 너무 많이 지를 필요는 없었다. 투루판의 건포도는 오랫동안 냉장고에서 치이다가, 결국 그 열기를 잃고 말았다.ㅜㅜ

사막을 달리다

아랍에미레이트 두바이 • Dubai

이번 비행은 어디야?
누군가 물었을 때, 두바이! 하고 답하면 상대방은 대부분 모래사막부터 떠올린다. 그러나 두바이 공항에 내리는 순간, 두바이는 사막이라는 사실을 잊게 된다. 공항부터 어마어마하게 크고 화려하다. 공항구경, 호텔구경, 쇼핑만으로도 바쁘다. 기적을 이룬 도시 (물론 거품이 많긴 했어도), 잘 나가는 도시, 두바이는 사막이 아니다. 몇 번이나 두바

이를 찍었어도 사막을 보지 못했던 우리는 슬슬 진짜 두바이의 모습이 보고 싶어졌다.
최고, 최대가 아니면 취급하지 않는, 두바이의 인공적인 것들에 싫증이 난 것이다.
"진정한 사막을 보고 싶어. 두바이의 사막을 보여주란 말이지."
우리는 의기투합하여, 쉬고 싶은 유혹을 뿌리치고 모처럼 과감하게 사막투어를 신청했다.
빌딩 숲을 지나 얼마쯤 갔을까. 드디어 끝없는 모래사막이 눈앞에 펼쳐졌다. 일단 사막에 발을 디디자마자 우리가 한 일. 그것은 자동차 바퀴에 바람을 빼는 것이었다. 모래사막에서는 바퀴의 바람을 빼야만 달릴 수 있다.
바람 빠진 바퀴가 윙윙 소리 내며 사막을 달리기 시작했다. 서너 대가 동시에 달리기 시작하자, 마치 영화라도 찍고 있는 듯 멋져 보였다. 지프차가 뒤집어질 것처럼 출렁

거리고 정신이 하나도 없었지만, 사막을 달리는 기분은 끝내줬다. 우리는 마구 소리를 지르고 웃고 떠들었다.

사막 중간쯤에서 내려 잠시 쉬었다. 모래 위에는 주름진 바람의 자국들이 선명했다. 모래 언덕 너머로는 붉게 노을이 지고 있었다.

"멋져!"

감탄사가 터져 나왔다. 황홀했다. 사막 한쪽 하늘에서는 해가 지고 반대쪽 하늘에서는 달이 뜨고 있었다. 지구 위에 존재하던 모든 것들이 순식간에 사라지고, 사막 위의 우리들만 남은 듯 했다. 〈어린왕자〉에 나오는 말처럼, 모래언덕에 앉으니 아무것도 보이지 않고, 아무것도 들리지 않았다. 그런데도 고요함 속에 무언가가 반짝였다.

"아저씨, 아저씨도 몹시 슬퍼지면 석양을 사랑하게 될 거야."

어린왕자가 왜 그토록 석양을 사랑했는지, 알 수 있을 것만 같았다.

어둑해질 무렵, 캠프장에 닿았다. 사막에서의 저녁식사가 차려졌다. 따끈따끈하고 쫀득한 난에 고기와 야채를 얹어 입에 넣었다. 맥주도 흘려 넣었다. 사막에서의 더위와 모래에 축난 몸이 조금씩 회복되는 것 같았다.

막연하기만 했던 사막에서의 밤, 근사한 춤 파티가 열렸다. 전통복장을 한 화려한 댄서가 무대 가운데에서 춤을 추었다. 나에게도 함께하자고 손을 내밀었다.

'에헤헤! 어떻게 저런 춤을 춰~!'

일단 사양. 손을 절레절레 흔들며 뒤로 빠졌다. 그런데 어라? 평소에 얌전하던 진희씨! 나풀나풀 아름답게 춤을 추기 시작했다. 사막의 댄서는 이채로운 매력으로 분위기를 압도했다. 어디서 온 아저씨들인지 진희씨와 어울려 호흡을 맞췄다. 멋지다고 칭찬을 해주니까 더욱 정성껏 춤을 추었다.

이럴 땐 내가 몸치인 게 한 맺힌다. 뒤에서 박수나 치면서 남의 춤을 품평밖에 할 수 없는 신세라니! 나를 벗고, 가식을 벗고, 자유롭게 영혼을 표현할 수 있는 재주가 있었으면!

신나는 춤 파티도 끝나고, 완전한 어둠에 휩싸인 사막의 밤. 인공의 도시, 호텔로 돌아가는 버스 안에서 사막의 열기에 취했던 사람들은 모두 기절했다. 사막투어 1인당 55달러. 그 돈으로 나는 오늘, 사막의 아름다움을 샀다.

문득 떠오르는 어린왕자의 또 다른 한 구절.

"그래. 집이건 별이건 사막이건, 그걸 아름답게 하는 것은 눈에 보이지 않아."

우리 눈에 화려해 보였던 것들은 모두 껍데기에 불과했다. 가장 화려하고 아름다운 것은 눈에 보이지 않는 법. 사막의 노을이 준 감동, 낯선 사람들과의 흥겨운 춤. 눈에 보이지 않는 추억은 사막을 아름답게 기억하는 끈이 될 것이다.

p.s 하루 종일, 스키니진을 입고 사막을 돌아다녔다. 스키니진이 그토록 원망스럽기는 처음이었다. 낙타를 끌고 사막을 걷는 사람들은 죄다 왜 헐렁헐렁한 흰색 옷들을 입고 있었는지 이제야 알 것 같다. 옷은 단순한 패션 그 이상이었던 거다. 온 몸에서 땀이 흐르고, 몸에 걸친 모든 천들이 내 몸을 옥죄며 감기는 듯 했다.

숙소로 돌아와 샤워하고 냉장고에 넣어두었던 차가운 마스크 팩을 얼굴에 붙였다. 눈을 감고 누워 다시 사막을 떠올렸다. 내가 밟았던 곳이 정말 사막이었는지 아득해졌다. 하지만 내 몸이 아직 사막을 떠나지 않았다. 몸살기가 도는지, 한낮의 더위 때문인지 아직도 온 몸에 열기가 가득했다.

현재 시각 2008년 6월 18일 오전 1시 20분. 나는 오늘 사막을 밟았다.

버즈 알 아랍을 밟다

아랍에미레이트 두바이 • Dubai

세계 최고 높이의 호텔, 버즈 알 아랍 Burj al arab. 아라비아 전통 돛단배 모양의 호텔이 인공섬 위에 떠있다. 세계적인 예술품과 조각품들로 장식된 로비, 초호화 객실, 별이 5개도 모자라서 7개를 달았다는 호텔. 이 시대 진정한 큰 손은 아랍인들과 중국인들 이라더니, 흰옷 입은 사막의 거부들. 그들의 스케일에 입이 다물어 지지 않는다.

두바이에서 '대~한!민!국!'을 외치다

아랍에미레이트 두바이 • Dubai

한국에서부터 알고 지내던 언니가 아랍에미레이트 항공사에 다니게 되었다. 나는 대한항공, 언니는 아랍에미레이트에서, 우리는 나란히 입사 2년차에 접어들고 있었다. 아직 여전히 서러운 게 많고, 서툰 게 많은 시기. 우리는 서로에게 의지와 위안을 얻었다.

"언니, 나 두바이 비행 스케줄 나왔어. 두바이 가면 꼭 만나러 갈게."
낯선 땅에서 언니를 만난다고 생각하니 꿈만 같았다. 드디어 비행을 마치고, 언니네 회사에서 제공해 주었다는 아파트로 찾아갔다. 함께 밥 먹으면서 우리는 서로의 비행에 대해 이야기했다. 어찌나 말이 잘 통하는지 시간 가는 줄 몰랐다. 일하는 곳은 달랐지만, 승무원이라는 직업이 우리의 대화를 단단히 묶어주었다.

그런데 저녁이 되자, 언니는 약속이 있다고 했다. 친구네 집에서 열리는 파티인데, 괜찮다면 함께 가자고 했다. 엉겁결에 나는 파티에 따라가게 되었다. 언니 친구는 미국 대사관 직원이었다. 그날은 7월 4일 미국 독립기념일이었고, 여러 나라 친구들이 이를 축하해 주기 위해 와 있었다. 그런 파티에 참석해 보는 것이라 처음에는 경직되었다. 하지만, 슬슬 분위기를 보니 별거 아니었다. 모두들 주방 식탁 위에 늘어놓은 술이나 음료를 컵에 따라 들고 다니면서 마셨다. 끼리끼리 모여 앉아 이야기하며 놀다가, 배 고프면 상자에서 피자 한 조각 꺼내먹고, 내키면 춤도 추고 뭐 대충 이런 분위기였다. 정작 파티를 주최한 친구는 성조기 밑에서 자신의 춤에 심취해 있어 인사도 못했다. 대신 언니가 소개해주는 다른 사람들과 중1 영어책에 나오는 대화를 시작했다.

"제인, 이쪽은 탐이야. 탐, 이쪽은 제인이야."
"안녕, 탐!"
"안녕, 제인!"
요런 대화 말이다. 왜 한 번 보고 말 사람들의 이름을 외워야할까 생각하면서 인사를 나누고 대화를 나눴다. 하지만 볼리비아 대사관 직원과 이야기할 때는 내가 볼리비아에 대해 아는 것이 없어서 대화를 이어나가지 못했다. 콜롬비아에 대해서도 별로 이야깃거리를 찾지 못했다. 그들 역시 나와 공통된 주제를 생각해 보려는 듯 했으나, 딱히 생각나는 것이 없다는 표정이었다. 설상가상 언니는 나를 두고 다른 친구들에게 가버렸다. 아주 난감한 상황이 전개되었던 것이다.

급기야 나는 정확히 알아듣지 못한 상태에서 대충 고개를 끄덕거리다가 모두 내 대답을 기다리는 곤경에 빠져버렸다.

'아, 뭐라고 수습해야 되지? 오늘 괜히 왔다.'

후회가 폭풍처럼 몰려올 즈음이었다. 누군가가 침묵을 깨며 입을 열었다.

"월드컵 TV중계에서 너희 나라 붉은 악마들이 응원하는 거 봤어. 재밌더라. 너도 그거 할 수 있어?"

'허걱! 지금 나보고 그걸 해달라고? 이 분위기에서?'

대략난감이었다. 그러나 안한다고 하면 더 분위기 썰렁해지는 상황이었다. 하는 수 없이 조금만 보여주자, 싶어 작은 소리로 "대~한!민!국!"하고 박수를 쳤다. 짝짝짝 짝짝짝! 어~ 그런데 예상외로 반응이 좋았다. 따라하는 사람도 있었다.

'분위기 몰아서 한 번 더 해봐!'

나는 좀더 큰 목소리로 "대~한!민!국! 짝짝짝 짝짝짝!"하고 외쳤다.

이번에는 더 많은 사람들이 좋아라 하며 따라했다.

'어라라? 이 반응 뭐지? 요고 괜찮네!'

그 뒤로 feeeel~ 받은 나는 열 번도 넘게 응원 구호를 외쳤다. 처음에는 가녀린 목소리로 조심스레 했지만, 집에서 하던 가락이 있다 보니 나중에는 뱃속에서 우러나오는 고래심줄 끊는 소리로 하게 되었다. 시간이 지나자, 나에게 집중되던 분위기가 사그라들었다. 재밌어 하던 사람들도 하나 둘씩 자리를 떴다. 브레이크 걸 타이밍을 놓쳐버린 것이다.

다시 후회가 쓰나미처럼 몰려 왔다. 갑자기 부끄러워 견딜 수가 없어져서, 슬그머니 테라스로 나갔다. 더위를 참지 못한 그 집 개가 배를 땅에 붙이고 혀를 빼문 채, 헉헉 숨을 쉬고 있었다. 나는 마치 개를 무척 사랑하는 동양 여인인양 개의 턱을 쓰다듬었다. 속으로는 '내가 미쳤어. 내가 미쳤어'를 백번 넘게 되뇌이면서.

쇼핑홀릭 시티

말레이시아 쿠알라룸푸르 • Kuala Lumpur

외계에서 온 거대한 침입자 같은 페트로나스 트윈타워, 모든 사람을 통감자로 만들어 버릴 듯 뜨거운 태양, 건물 밖으로 한 발자국도 나가지 못하게 만드는 스콜, 지독한 교통체증, 게다가 바가지 씌우기 고수인 택시기사와의 지겨운 실랑이, 만만치 않은 물가.

그럼에도 불구하고 내가 쿠알라룸푸르 스케줄을 기다리는 건, 빈치VINCCI 때문이다. 빈치는 무난하고 비싸지 않은 여성 슈즈 브랜드다. 한국에서 구두 한 켤레 살 돈으로, 대여섯 켤레 살 수 있다. 2~3만원대 구두로 여름 내내 멋쟁이가 될 생각을 하면 쿠알라룸푸르에 온 보람피 의미가 꽃 핀다.

빈치뿐만 아니다. 쇼핑은 쿠알라룸푸르 여행의 핵심 키워드다.

부킷빈탕 거리, KLCC Kuala Lumpur City Center의 쇼핑몰, 파빌리온, 미드밸리 메가 쇼핑타운까지! 안 사고는 못 배기게 만드는 괜찮은 물건들이 즐비하다. 지름신을 잠재우기가 쉽지 않은 동네다. 그러나 빅 세일 기간을 잘 맞춘다면, 가족들이나 친구들에게 제대로 신세 갚을 수 있는 좋은 기회를 얻을 수도 있다.

홍차와 ULE

말레이시아 쿠알라룸푸르 • Kuala Lumpur

쿠알라룸푸르에서의 쇼핑을 두 배로 행복하게 만든 자가 있었으니, 그가 ULE. ULE는 내게 영국 왕실에 납품할 정도로 유명하다는 해롯즈 Harrods 홍차를 알게 해줬다. 그는 홍차가게의 곰 인형이 귀여워 구경하고 있는 나에게 바에 앉으라고 권하고, 시음을 해보겠냐고 묻고, 커다란 차 깡통을 일일이 열어 향을 맡아 보게 해줬다.

"무엇을 마시고 싶은지 골라봐."

그는 뜨거운 물로 데운 티포트에 내가 고른 찻잎을 넣고 다시 뜨거운 물을 부었다. 차가 우러나는 동안 워밍된 컵과 소서, 은수저를 준비하고 하얀 각설탕과 흑설탕을 내놓았다. 정갈하고 정성스러웠다. 그는 능숙한 손놀림을 바라보고 있던 내게 말을 걸었다.

우리는 지극히 가볍고 개인적인 이야기들을 나누었다. 홍차를 구입하지 않겠냐는 등, 홍차를 좋아하냐는 둥 하는 홍차에 관한 이야기는 전혀 없었다. ULE는 공손함을 잃지 않으면서도 경쾌하고 재미있게 대화를 이끌었다.

전혀 상업적이지 않았던 ULE. 그러나 결국 나는 내가 마셨던 홍차를 구입했다.(그것이 ULE의 상술이었을까?) 그러나 ULE는 만 원짜리 차 한통을 사가는 나에게 VIP같은 대접을 해주었다. 나는 차를 마실 때마다 그를 떠올릴 것이고, 행복한 홍차를 마시게 될 것이다. 그리고 함께 홍차를 마시게 될 누군가에게 이야기할 것이다. 내가 만났던 해롯즈와 ULE에 대해서. 그러니 ULE는 브랜드 인지도를 높인 우수사원임에 틀림없다. 보너스라도 두둑하게 받아야 마땅하다. 나쁘게 말한다 해도 그의 상술은 대성공인 셈이니까.

ULE는 홍차를 팔았으니 WIN, 나는 돈 만원에 공손하면서도 친근한 서비스가 무엇인지 실전을 통해 한 수 배웠으니 WIN!! 이것이 바로 성공적인 원윈 전략이다.

아는 만큼 보인다

캄보디아 시엠립 ● Siam Reap

특이했다. 시엠립 공항. 150명이 탈 수 있는 조그만 비행기 보잉 737의 앞뒷문을 모두 열고 스텝카를 붙였다.

"뒤쪽으로도 내리세요!"

내릴 순서를 기다리며 앞쪽을 보고 있는 손님들께 말했다. 손님들은 뒤를 돌아보시더니, '으응?' 하는 표정들을 지으셨다. 비행기 뒷문이 열리는 건 좀처럼 보기 드문 일이기 때문이다. 더운 여름날, 시골 냄새가 물씬 풍겼다. 계단 아래 한적한 활주로에 내려 열 발짝만 걸으면 공항 안으로 들어갈 수 있다.

시엠립에서는 모두 오래된 사원들을 구경한다. 먼저 다녀온 동료들도 사원이 너무나

신비로워서 돌아오고 싶지 않았다고 했다. 가족들과 함께 다시 한 번 가고 싶다고 칭찬일색의 여행 소감들을 늘어놓았다. 그 바람에 나는 더욱 시엠립 비행 스케줄을 손꼽아 기다렸다.
"전에 부모님이 앙코르와트에 가보고 싶다고 하셔서 그동안 모아온 적금을 깨서 여행을 보내드렸거든."
한 친구가 시엠립을 열망하고 있던 내게 말했다.
"공항에 마중 나가서 여행 어떠셨냐고 물었더니 하시는 말씀! 호텔은 좋더라! 하하."
우리는 무릎을 치며 한바탕 웃었다.

"그래서 부모님 찍어 오신 사진을 보니까 앙코르와트사원 앞에서 찍은 사진은 인증샷 서너 컷이 전부더라. 대신 평양냉면집에서 북한 아가씨들하고 찍은 사진만 백장이더라고. 세계 7대 불가사의라는 이름이 무색하지."
"그래. 여행도 뭘 좀 알고 다녀야 해. 배경 지식이 없으면, 그게 그거 같고 하나도 안 보여. 덥고 힘든데, 남의 나라 사원이 뭐 그렇게 재밌겠어. 그러니까 항상 미리미리 공부를 좀 해야지. 그래야 호기심도 생기고, 감동도 얻는 거야."
보는 눈이 없으면 보물을 앞에 갖다놔도 돌로 보인다며, 나는 잔뜩 시건방지게 굴었다. 그리고 드디어 대망의 앙코르와트 여행 날.
잔뜩 기대를 가졌던 것에 비해 나의 시엠립 여행은 최악이었다. 씨엠립에서는 이상하

게 기가 빠져 낮잠을 자도 밤에 또 잠이 온다더니 정말 기가 쭉쭉 빠지는 것 같았다. 몸이 물 먹은 솜처럼 자꾸만 무겁고 처졌다. 일본 혼다 오토바이에 수레를 매단 '툭툭이'란 이름의 택시에 앉아서도 얼빠진 사람 같았다. 툭툭이 기사님께서 덥다고 쥐어준 양산도 홀라당 잃어버렸다. 더위를 먹었는지, 속도 울렁거리고 어지러웠다. 컨디션이 엉망이다 보니, 사원을 봐도 아무런 감흥이 일지 않았다. 이 나무뿌리가 저 나무뿌리 같고, 이 돌이 저 돌 같고.

함께 갔던 후배 세 명은 요렇게 조렇게 지치지도 않고 사진을 찍었다. 여기서 영화 〈툼레이더〉를 찍었네 하면 졸리 입술을 하고 눈을 게슴츠레 뜨고 총 쏘는 시늉을 하고 허리를 씰룩거리고!

나는 괜히 심통이 났다. 틈만 나면 무릎에 얼굴을 묻고 주저앉았다. 사진도 한 장 안 찍고, 빨리 투어나 끝났으면 좋겠다는 생각만 했다.

영원히 끝날 것 같지 않았던 투어가 마침내 끝났다. 서둘러 '대박식당'에 들어서자마자, 일단 상황버섯 달인 물을 한 잔 쭉 들이켰다. 그러고 나니까 겨우 사람들의 얼굴이 제대로 보이기 시작했다. 푸짐한 반찬에, 입에 착 붙는 된장찌개. 돌 위에 구워 기름 빠진 삼겹살 무한리필~! 이 모든 게 단돈 4$. 존경합니다~! 사장님은 삼겹살을 한 번에 구워놓으면 식어서 맛이 없다며 조금씩 구워서 계속 가져다주셨다. 사랑합니다~!

오늘의 교훈
1. 알지도 못하면서 괜히 남 흉보지 말자.
2. 더위 먹은 데는 돼지고기가 짱!
3. 여행은 아는 만큼 보이고, 건강한 만큼 건진다.

망고와 치실

인도 뭄바이 • Mumbai

정말 힘든 비행이었다. 인도로 가는 비행은 언제나 그렇지만 유독 더 심한 날이었다. 인도 사람들은 승무원을 제집 종 부리듯 한다. 뿌리 깊은 신분제 사회에서 살아온 그들에게는 승무원이 시중을 드는 종과 다를 바 없게 여겨지는 것이다.
화장실도 한 번 쓰고 나면 바닥에 물이 흥건하다. 뒷사람에 대한 배려 따위는 없다. 내가 어지르고 더럽히면 종(?)들이 치우면 되니까. 갖가지 특별식을 주문하고, 수도 없이 콜 버튼을 누른다. 뭘 물어도, YES인지 NO인지 모를 고갯짓만 계속 해댄다. 정말 환장할 노릇이다.
그러나 아무리 힘들어도 영원한 비행은 없는 법. 언젠가는 땅에 닿고 굳게 닫혔던 문은 열리기 마련. 비행기에서 내려 호텔로 들어오는 순간, 모든 고생은 끝!
유니폼 세탁을 맡기고, 화장을 지우고, 천장에 달린 해바라기 샤워기로 시원하게 샤워를 마친 뒤 늘어지게 한숨 잔다. 넓은 침대에 누워 죽은 듯이 늦잠을 자고 나면, 밉고 힘든 인도 행 비행기도 기억의 저편으로 스멀스멀 사라진다.
제 컨디션을 회복한 일곱 명의 동료들과 시장에 갔다. 샛노랗게 익은 망고가 나를 사가라고 신호를 보냈다. 우리는 망고를 두 상자나 샀다. 일곱 명이 먹기에는 너무 많지 않을까 싶었지만, 일단 샀다. 먹다 남더라도 모자라는 건 용서 못한다는 평소 내 인생철학이 크게 좌우했다. 더구나 망고는 피로회복에 좋은 과일이니까, 종 취급당하느라 애쓴 우리는 충분히 먹어줘야 할 의무가 있는 거다.
우리는 망고 두 상자를 들고 수영장으로 갔다. 수영하면서 하나씩 하나씩 먹으면 좋을 것 같았다. 그런데 막상 망고 상자를 열어젖히고, 한두 개씩 시식을 시작하더니 점점 분위기가 심상치 않아졌다. 모두들 수영할 생각은 않고 준비~땅! 휘슬이라도 울린 것처럼 망고에 고개를 처박고 매서운 속도로 망고를 접수하기 시작하는 거다. 이에 질세라, 나도 망고 껍질을 까서 얼른 한 입 베어 물었다. 망고 맛은 정말 꿀맛이었다. 지금까지 먹어본 망고 중에 최고였다!! 이미 예쁘게 칼로 망고를 잘라 먹는 단계는 지났다. 모두들 갈비라도 뜯는 것처럼 우걱우걱 망고를 집어삼켰다.

먹다가 서로 눈이 마주치면, 서로의 모습에 미친 듯이 웃어댔다. 상자에는 망고껍질이 쌓여만 가고, 망고 때문에 입술이 노랗게 물들 수도 있구나 싶을 때 즈음, 드디어 망고는 바닥을 보이기 시작했다.

그런데, 이런! 먹을 때는 좋았는데 뒤처리가 곤란했다. 치아 사이사이에 망고 섬유질이 죄다 끼어버리는 불상사가 생긴 것이다. 아무리 양치질을 해도 빠지지가 않았다.

"어휴, 씹깝해 죽겠어. 어쩌지? 누구 치실 있는 사람 없어?"

그러나 누구도 치실을 가지고 있는 사람이 없었다. 그 때, 나의 머리에서 번득이는 아이디어가 떠올랐다.

"아, 난 역시 천재야!"

내가 생각해낸 방법은 타올 한 가닥을 쭈욱~ 뽑아내는 거였다.

"타올 실도 실은 실이야. 양쪽 끝을 잡고 이 사이사이를 청소해 보자구!"

나는 호기 좋게 나서서 타올 한 가닥을 뽑아 시범을 보였다. 그런데 아뿔싸. 실까지 이 사이에 끼어서 안 빠지더라는! 흐엉! 그 날 나는 망고 빼내려다 이 뽑을 뻔했다. ㅜㅜ

그리하여 그 다음부터 내 화장품 파우치 안에는 치실이 필수품으로 자리 잡게 되었다.

마사지 5종 세트 +알파

우즈베키스탄 타슈켄트 ● Tashkent

세계 각국을 돌며 온갖 종류의 마사지를 섭렵할 수 있는 특혜. 그런 특혜를 가진 직업이 승무원 말고 또 있을까. 유난히 마사지를 좋아하는 나는 어디를 가든 현지의 특별한 마사지를 즐긴다. 비싼 비용을 들이지 않더라도 만족할 만한 호사를 누릴 수 있다. 나 자신에게 선사하는 서비스. 기운을 북돋워 주고, 피로를 풀어주는 특별 선물로서 마사지만한 게 없다.

승무원이라는 직업이 아무리 고되고 힘들다 해도, 끝끝내 내가 그 직업을 버릴 수 없는 중요한 이유 가운데 하나. 바로 나라마다 특색 있는 마사지를 언제든 받을 수 있다는 행복이다. 내 몸 안의 작은 티끌까지도 남김없이 녹여내는 마사지. 나의 피부뿐만이 아니라 마음속 찌꺼기까지 씻어내어 나를 맑게 해주는 마사지. 내가 사랑하는 마사지 7종 세트를 공개해 볼까?

타슈켄트의 꿀맛사지

사우나에서 충분히 땀을 낸 후, 30분 정도 얼굴과 온 몸에 아로마 오일 마사지를 받는다. 그 위에 타슈켄트의 특산물인 꿀을 듬뿍 바른다. 꿀을 바른 채로 개인용 사우나에 들어가 다시 땀을 뺐다. 흘러내리는 땀과 꿀을 살살 문지르며 피부에 스며들게 한 다음, 샤워를 하고 나면 끝!

우리 할머니는 벽장 속에 꿀단지를 고이고이 모셔 놓고, 내가 정말 예쁜 짓을 했을 때나 한 숟가락씩 꿀을 먹게 해주셨다. 나에게 꿀은 늘 '아껴먹어야만 하는 귀한 것'이었다. 그런데 그 귀한 꿀을 온 몸에 덕지덕지 바른 채 벌거벗고 누워있다니! 우리 할머니께서 보셨다면 놀라 무덤 속에서 벌떡 일어나셨을 것이다.

먹는 걸 가지고 별 짓을 다한다고!

그러나 할머니, 피부도 먹고 살아야지요~!^^

우루무치의 발 마사지

열사의 나라 우루무치에서 발 마사지를 받았다.

"갈아입을 옷을 주시겠어요?"

입구에서 손을 내밀자, 반바지를 팔고 있으니 사 입으라고 한다. 너무 장삿속이네, 살짝 마음이 상했다. 그러나 하루 종일 땀에 찌든 청바지를 입고 어찌 발 마사지를 받을 수 있으랴. 하는 수 없이 반바지를 구입했다. 다행히 가격은 비싸지 않았다.

그런데 싼 게 비지떡이라고, 바지 상태가 형편없었다.

"엥? 이걸 입으라고?"

그 옛날 아버지들이 입던 순수함의 상징, '백양 고무줄 빤스' 분위기의 반바지였다. 함께 간 사람들과 키득거리며 갈아입었다. 그런데 사무장님께서는 고개를 절레절레 흔들며 도저히 못 입겠다고 하셨다. 결국 양복바지를 무릎까지 걷고 마사지 방으로 입장하신 사무장님.

반바지를 입은 사람이나 양복 입은 사무장님이나 모두 모양새는 우스웠다.

"우리 이게 뭐니? 완전 스타일 구긴다."

서로 민망해 하며 마사지를 받았다. 그러나 오호, 시작과 다르게 마사지만은 시원했다. 하루 종일 땀 흘리며 걷느라 쌓였던 피로가 한 방에 날아갔다.

"아, 시원하다."

매우 흡족해하고 있는데, 마사지사들이 어딘가로 나갔다가는 돌 자루를 하나씩 들고 다시 들어왔다.

'이건 또 뭐야?'

눈이 휘둥그레져서 쳐다보았다. 뜨겁게 달구어진 돌멩이로 발바닥을 문지르려고 하나 했더니, 웬걸. 돌 자루를 통째로 들고 등을 두드렸다. 모두의 입에서 시원해 죽겠다는 감동의 탄성이 터져 나왔다.

마사지를 마치고 나오는 길에는 스타킹과 싸구려 깔창(거의 마분지 수준인……)까지 선물로 주었다. 고무줄 빤스가 좀 구리긴 하지만, 나름 띵 호우!

하노이 킴마 371

허름한 건물 2층으로 올라갔다. '킴마 KIMMA 371'

약초물이 들어 거무죽죽해진 플라스틱 통에 누군가가 물을 받아왔다. 거기에 발을 담그고 있자니까, 마른 체격의 베트남 남자가 들어와 발을 주무르기 시작했다.

그에게 발을 잡히는 순간, 오늘은 아주 제대로 하겠구나 싶은 감이 딱 왔다. 다부진 손가락으로 발끝에서부터 하나씩 하나씩 다리 근육을 짚어갈 때면 죽어있던 세포까지 되살아나는 것 같았다. 그 예리함과 정확함에 존경심마저 일었다. 30분간의 발마사지가 끝난 다음에는 의자에 앉았다. 역시 거무죽죽한 타월을 깔고서. 그의 손가락이 머리, 목, 어깨, 등, 허리를 지나갔다. 악, 소리가 날 만큼 아팠다. 그러나 순간의 고통을 참으면 세상 어디에서도 느낄 수 없는 개운함이 찾아온다. 두려워 말고, 마사지 선생님을 무조건 믿고 의지해야 한다. 못 믿고 내 맘대로 하면 다칠 수가 있다.
이제 남은 한 가지 관문. 몸 꺾기. 이곳 마사지의 하이라이트 되시겠다. 선생님의 손을 잡고 몸을 최대한 뒤로 누이면 몸이 꺾어지면서 근육이 우둑두둑 소리를 낸다. 평소에 쓰지 않던 굳은 근육들이 뒤틀기를 시작하는 것이다. 너무 시원해서 조금 더 받고 싶지만, 웬만한 체력으로는 쉽지 않다. 몸이 안 따라준다. 가만히 앉아서 마사지를 받는 것도 얼마나 힘든지, 마사지 하는 사람보다 받는 사람이 더 기운이 달린다.
그러나 힘은 들고 아팠어도, 거울을 보면 뿌듯하고 신기하다. 마사지를 마치고 들여다보는 내 얼굴은 확실히 받기 전과 확연히 다르다. 얼굴의 이목구비가 뚜렷해져 있고, 피부 톤도 달라져 있는 듯하다. 신체의 모든 기관들은 서로 유기적 관계를 맺고 있다는 게 역시 맞는 말이다. 어느 한 군데의 자극만으로도 몸 전체가 움직인다. 오, 놀라운 인체의 신비!

그런데 최근 그 마사지 숍, 킴마 371을 찾아가 봤더니, 없어졌다. 내가 감히 최고의 마사지라고 찬사를 아끼지 않았던 그곳이 사라지다니. 여기저기 수소문해서 찾아가봤지만, 허사였다. 어디로 이사 갔을까? 마사지사님, 돌아와 주세요!

타이 마사지

2001년. 방콕에서 처음 선배들을 따라가 받았던 마사지. 나는 단돈 5000원도 안 되는 돈으로 이렇게 행복할 수 있다는 사실 자체에 입을 다물지 못했다.
'아니, 이렇게 좋은 나라가 있었다는 거야? 왜 나는 이런 세계를 몰랐던 거야?'
발도 닦아주고, 머리끝에서 발끝까지 마사지 해주고, 끝나면 과일도 주고. 게다가 나보다 작은 여자가 덩치 큰 나를 껴안고 허리를 옆으로 꺾어주거나 나를 안고 뒤로 누워 무릎으로 내 허리를 마사지 해주는 기술은 거의 서커스 같았다.
멋모를 때는 무조건 많이 받고 싶어서 세 시간 내내 받은 적도 있다. 그러나 시간이 너무 길어지면 마사지사의 급격한 체력 저하로 인해 막판에는 마사지가 설렁설렁 이어지기도 한다. 아니면 내가 마사지 내내 잠들어 버리거나.
내 최적의 마사지 스케줄은 한 시간은 발 마사지 받고, 한 시간은 타이 마사지 받는 것이다. 그리고 목이랑 허리를 뚝 소리 나게 돌리는 것은 사양한다. 특히, 태국에는 마사지 샵이 지천이고, 마사지사도 많은 대신 실력 차가 크다. 가끔 성수기 때는 인원수 채우러 나온 게 아닐까 싶을 정도로 형편없는 마사지사를 만나기도 한다. 그럴 때는 목과 허리를 특히 조심해야 한다. 삐끗하면 한 방에 갈 수도 있으니까.

 # 발리의 핫스톤 & 화산재 마사지
오일 마사지를 한 후, 뜨겁고 동글동글한 돌로 몸을 문지르는 발리 스타일의 마사지! 따뜻한 온돌의 느낌이 온 몸에 퍼지면서 노곤해진다. 그 때 화산재 뭉친 것을 거즈에 싸서 몸을 민다. 그러면 이태리 타월에 묵은 때가 밀리듯이 노폐물이 거뭇거뭇하게 거즈에 묻어난다. 정말 내 몸 안의 독소가 빠진 걸까? 때가 아닐까? 아리송하다. 그래도 다 마치고 나면, 보들보들한 피부와 산뜻한 기분에 날아갈 것 같다.

 # 호치민의 시세이도 샵 풀코스 마사지 VS 한국의 때밀이 풀코스
베트남이니까 가능한 일이겠지. 서울에서는 감히 상상도 못해본 일인데! 호텔 마사지 샵에서 그것도 코스로 예약한 것이다.
먼저 샤워를 마치고 스파에 들어가 굳어 있는 몸을 말랑하게 만든다. 그 다음 마사지의 세기를 결정해야 한다. 나는 중간 세기인 '스웨덴 식 마사지'를 고른다. 전신 오일 마사지를 받은 후 얼굴 마사지를 받는다. 사용되는 모든 제품은 시세이도다.
샤워를 하고 나와 미리 주문해둔 식사를 한다. 그리고 네일 샵에서 내가 정한 컬로로 매니큐어와 페디큐어를 받는다. 총 소요 시간 4시간. 풀코스 마사지라 거창하다.
그러나 나에게 마사지의 최고봉은 뭐니 뭐니 해도 한국 목욕탕의 세신 프로그램이다. 일명 '때 마사지'라 불리는 그것! 비행 끝나고 몸이 천근만근일 때 뜨거운 탕 안에 들어가 몸을 푹 불린다. 그러면 얼마쯤 지나 아주머니께서 호탕한 목소리로 번호를 부르신다.
기다란 장판 침대에 누워 몸을 맡기면, 동서남북 돌려가며 두 번씩이나 꼼꼼하게 때를 밀어주신다. 그리고 이어서 커다란 고무 다라이에 펄펄 끓는 뜨거운 물을 받아 고무

장갑 낀 손으로 핫타월을 만들어 찜질도 해주신다. 그 다음 코스로는 베이비 오일통에 가득 채워오시는 아로마 오일 마사지. 출처를 알 수 없기는 하지만, 어쨌거나 향은 좋다. 그것으로 몸을 쭉쭉 마사지 하고 요플레와 계란 흰자로 문지른다. 그러나 아직 끝나지 않았다. 마지막으로 손아귀 힘이 끝내주는 아주머니께서 머리를 마구마구 눌러가며 샴푸를 해주신다. 그래야 진정한 한국식 마사지 풀코스가 종료된다.

사우나, 목욕, 마사지, 온천! 모두모두 나의 몸을 깃털처럼 가볍게 만들어주는 마법들이다. 목욕 후에 룰루랄라 떡볶이 1인분 사들고 집에 와 맥주 캔 하나 마시면서 TV를 보는 즐거움. 이것이야말로 지난 10년간 나를 일할 수 있게 해준 힘이 아닐까?

내 맘대로, 여행을 말하는
일곱 가지 방식

빨강

뜨거운 혹은 자유로운 북미의 빛깔

승무원이셨던 **나의 선생님께**

미국 LA • Los Angeles

어렸을 때, 내가 무척 좋아했던 선생님이 계셨다. 다니던 교회의 주일학교 선생님. 친절하고 아리따운 선생님은 아이들에게 그야말로 인기짱이었다. 그런데 어느 날 갑자기 선생님께서 주일학교 교사를 그만두신다는 비보가 날아왔다. 아이들은 모두 울고불고 난리였다. 비행기를 타고 먼 나라를 다니셔야 하기 때문에 더 이상 주일학교 선생님을 하실 수 없다고 했다. 그 때 선생님은 대한항공 승무원이 되셨던 것이다.
주일학교를 그만 두신 후에도 우리는 가끔 선생님 댁을 찾아갔다. 선생님이 외국에서 사다주신 인형을 품에 안고 얼마나 행복했었는지 모른다. 미국에서 사 오신 풍선껌을 하루 종일 씹기도 했었다. 선생님은 예쁘게 꾸며진 앨범도 보여주셨다.
"얘들아, 여기가 미국의 디즈니랜드라는 곳이야."
그 때, 선생님의 사진첩 속에서 만난 세상은 내게 딴 세상이었다.

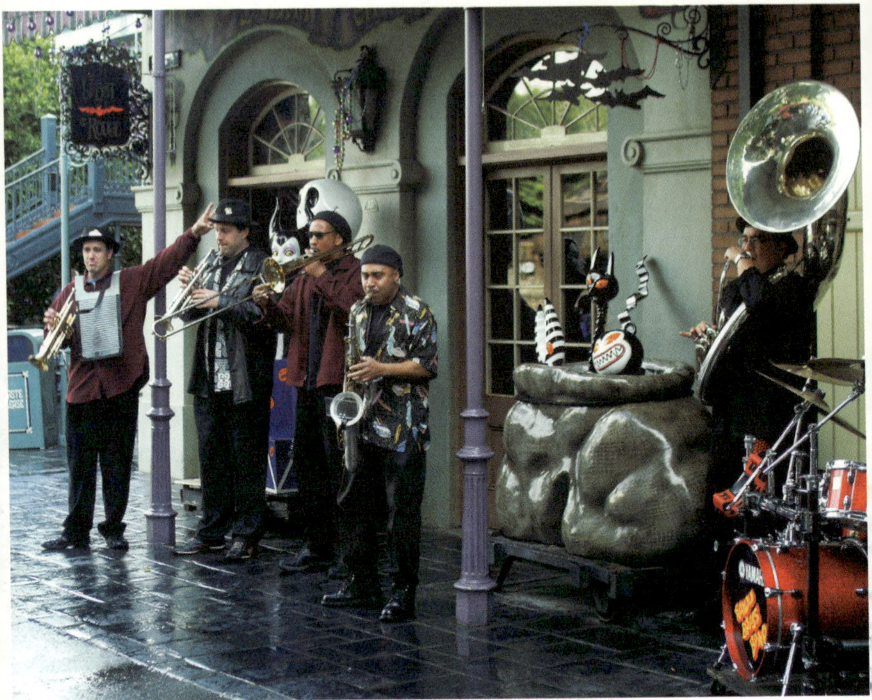

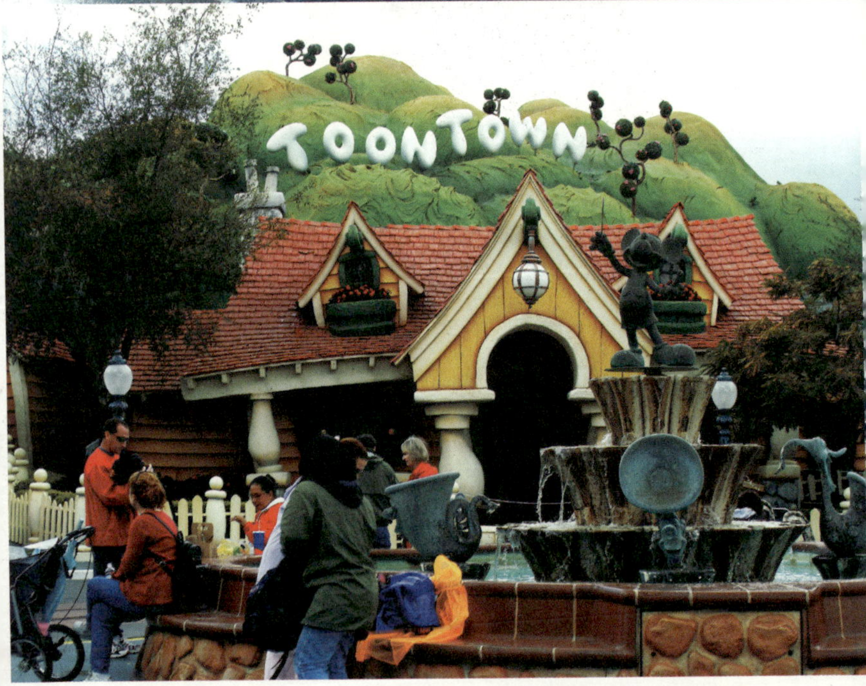
TOONTOWN

'아, 선생님은 좋겠다. 비행기 타고 딴 세상을 다니시는구나.'
스튜어디스라는 선생님의 직업도, 미국의 디즈니랜드도 내게는 꿈만 같았다.
그리고 십여 년 후, 나는 선생님처럼 대한항공의 승무원이 되었다. 어릴 적 내게는 꿈만 같았던 딴 세상 일들이 나의 현실이 된 거다. 선생님을 만난 것은 내 인생에서 운명적인 복선이었음에 틀림없다.
승무원이 되어 처음으로 디즈니랜드에 갔던 날, 내 마음 속에는 오래 전 선생님의 사진들이 어렴풋이 떠올랐다. 퍼레이드를 보고, 미키마우스와 악수를 나누고, 놀이기구를 타면서 나는 선생님을 추억했다. 까마득하게 잊은 줄로만 알았던 선생님에 대한 기억이 선명하게 되살아났다. 디즈니랜드에서 나는 문득 오래전의 선생님이 그리웠다.
선생님, 저도 스튜어디스가 되었답니다! 이제는 나의 사진첩에도 천국 같은 풍경이 가득하답니다.

Change Mind !

미국 LA • Los Angeles

좀처럼 줄지 않는 놀이기구의 긴 줄 끄트머리에 서서 하염없이 기다리는 중이라면? 은근과 끈기를 발휘해 기다리다 끝내 타기는 탔는데, 진짜 시시하고 재미없다면?

누구라도 머리 위에서 스팀이 자글자글 피어오를 것이다.

그 날도 그랬다. 아이처럼 들떠서 LA디즈니랜드에 갔을 때.

보트 타고 강 건너는 사람들이 재밌어 보였다.

"우리도 탈까?"

한 친구의 말이 떨어지기 무섭게 우리 일행도 줄을 섰다. 그런데 보트 타고 강 건너기는 생각만큼 재미있지 않았다. 나무 보트에 앉아 노를 젓는 일은 힘들었다.

"이게 뭐야? 재밌지도 않고 힘만 들잖아."

나는 친구를 원망하며 쉴새없이 투덜거렸다.

그 때, 뒤에 앉은 누군가가 말했다.

"Change Mind!"

엥? 뜬금없이 이건 또 뭔가. 사감선생님처럼. 그것도 놀이동산에서, 어이없이!

그러나 웬일인지 자꾸만 그 말이 되뇌어졌다. 귀에 쏙 들어와 박혀서 떠나지 않았다. 뭔가 불평만 할라치면 그 말이 고개를 비쭉 내밀었다.

좌석 꽉 찬 비행기 안에서 해도 해도 끝나지 않는 손님들의 요구에 지칠 때,

"Change Mind! 할 수 있는 일이 있다는 게 좋은 거잖아."

얼토당토않은 걸로 시비를 걸어 오는 사람 때문에 화가 날 때,

"Change Mind! 다 내 마음 같을 수는 없는 거잖아."

잘 나가는 친구 옆에서 기죽을 때,

"Change Mind! 난 그냥 나야. 남과 비교할 필요는 없잖아."

모든 게 마음먹기에 달렸다더니, 과연! 어디선가 불쑥불쑥 튀어나오는 Change Mind 라는 말은 지금도 내게 큰 힘을 발휘한다. 내 마음을 바꿀 수 있을 때라야 비로소 다른 세상을 볼 수 있다.

이맛살을 찌푸리게 하는 일이 있다면, 크게 심호흡을 하면서 주문을 외워보자.

"Change Mind!"

당신의 기분 모드가 빠르게 전환될 것이다.

LA가면 뭐 드세요?

미국 LA • Los Angeles

대부분의 손님들이 잠이 든 밤 비행. 아무도 화장실을 이용하지 않으니 청소할 필요가 없다. 휴지를 다시 채워 넣을 필요도 없다. 혹시 목마른 분이 계실까 싶어 트레이를 들고 한 바퀴 돌아도 아무도 눈을 뜨지 않는다. LA에서 한국으로 돌아가는 비행기 안. 웅~ 저음의 엔진 소리만 가득하다.

"LA에서 뭐하셨어요?"

침묵이 불편하고 심심하던 차에 마침 깨어있던 손님 한 분이 말을 걸어준다.

"그냥…… 있었어요. 밥 먹고, 자고……."

참 싱겁고 재미없는 대답이다.

"LA에 가면 뭐 드세요? 맛있는 거 많잖아요?"

"그냥…… 한식당 가요."

이게 아닌데, 싶지만 이미 말은 입 밖으로 뱉어졌다.

"핑크스 핫도그 PINK'S Hotdog 드셔보셨죠? 엄청 맛있잖아요!"

"그게 뭐예요?"

생뚱맞은 내 대답에 이번에는 손님이 답을 찾기 어려운 듯 보였다.

"엥? 핑크스 핫도그를 모른다구요? 그럼 인앤아웃 IN-N-OUT 버거는 드셔보셨죠?"

"……아니요."

뜨악, 놀라던 손님의 표정. 아니, 뭘 그리 놀라시나! 모를 수도 있지. 그러나 곧바로 대화 단절. 어색한 침묵이 흐르고 만다.

그러고 보니 십년 동안 LA는 수도 없이 갔는데도 특별히 한 게 없다. 도착해서 자고, 한식당 가서 밥 먹고, 슈퍼마켓에서 간식거리나 사다먹고 다시 다음날 서울로 돌아오는 일정. 습관적으로 반복된 안이함에 반성이 밀려들었다. 누군가는 LA 한번 오고 싶

어 몇 년을 돈 모으며 벼르기도 할 텐데. 이렇게 멀리까지 와서 너무 게을렀구나.
햄버거 굴욕을 당한 나는 작심을 하고 인앤아웃버거와 핑크스핫도그를 먹으러 갔다.
내 평생 핫도그 하나 먹자고 택시 불러보기는 처음이었다.
먼저 인앤아웃에서 치즈버거와 프렌치프라이를 주문했다. 주문을 받자마자 바로 고기를 굽고 감자를 튀긴다. 고기는 담백하고 고소했다. 유기농이라는 양상추와 토마토는 신선했다. 생감자를 즉석에서 튀긴 감자튀김은 바삭했다. 곁들여 나온 노란 고추초절임 할라피뇨도 맛있었다. 정크 푸드로 대표되는 버거가 썩 괜찮은 한 끼 식사가 되었다.
핑크스 핫도그를 먹기 위해서는 30분씩이나 줄을 서서 기다려야 했다. 메뉴가 다양해서 심히 고민이 되었다. 뭔 핫도그 종류가 그렇게 많은지. 쩝! 우리 동네 핫도그는 간단 명료한데! 밀레니엄 도그, 오지 스파이시 도그, 마사 스튜어드 도그, 칠리 치즈 도그……. 갖가지 메뉴가 펼쳐졌다. 밀레니엄 도그는 무려 12인치나 됐다. 골고루 한 입씩 먹었다. 흠, 이 맛이었군! 비로소 나도 LA 지역 특산 음식을 경험하게 됐다.
손님~ 저도 이제 인앤아웃 버거와 핑크스 핫도그를 먹어본 여자랍니다!

나의 십년 사랑, **차돌박이**

`미국 LA` • Los Angeles

십년 동안 음식천국 LA에서 다양한 음식을 먹어보지 못한 이유를 찾자면, 아무래도 단 한 가지! 차돌박이 때문일 게다.

스케줄 표에 LA가 나오기만 하면, 내 머릿속에서는 자동으로 차돌박이가 떠오른다. 파블로스의 개처럼 조건반사다. 나는 이것을 'LA 남대문 식당 차돌박이증후군'이라 부른다. 귓가에 지글거리는 소리가 맴돌면서 입안에 한 가득 침이 고이는 현상. LA에 가면 다른 어떤 음식도 떠올릴 수 없게 만드는 불치병. 그것이 나의 십년 사랑, 차돌박이의 마력이다.

식당 문을 열고 들어서면 나의 모든 세포들은 전투태세에 돌입한다.

'다 덤벼! 얼마든지 먹어주겠어!'

이런 외침이 꼬르륵 소리로 대변된다. 뱃속의 요동을 잠재우고, 침착하게 기다리면서 먼저 계란찜과 야채샐러드를 먹어준다. 물론 성급하게 너무 많이 먹으면 작전 실패다. 그것은 솥뚜껑 위에서 착하게 익어가는 차돌박이를 무시하는 처사다.

쫄깃한 밀쌈을 깔고 알맞게 익은 차돌박이를 한 점 올린다. 그리고 그 위에 할라피뇨를 하나씩 얹어 싸 먹으면! 그것이야 말로 진정 LA 최고의 맛이다.

최선을 다해, 한 점 부끄럼 없이 먹고 나면 김치를 굽는다. 참기름 뿌려가면서. 구운 김치를 누룽지, 된장찌개와 함께 먹고 나면, 비로소 아름다운 마무리가 완성된다.

시애틀의 **벽난로**와 **카푸치노**

미국 시애틀 • Seattle

내가 시애틀을 좋아했던 이유는 벽난로 때문이었다. 시애틀에 갈 때 승무원들이 늘 머무는 호텔이 있다. 그곳 로비에서는 일 년 내내 벽난로를 피운다. 여름비에 흠뻑 젖은 날도 벽난로 앞에 앉아 있으면 나도 모르게 스르르 기분이 좋아진다.

그런데 시애틀을 더 좋아하게 만든 새로운 이유가 생겼다. 백 년 전 갈색 오리지널 로고가 그대로 있는 스타벅스 1호점. 그곳에서 친절한 한국인 바리스타를 만났다. 그리고 그가 직접 만들어준 카푸치노를 마셨다. 눈 쌓인 레이니어 산과 썩 잘 어울리는 하얀 우유거품의 카푸치노.

수없이 많은 외국인들이 줄서서 사진을 찍고 커피를 마시는 곳. 날이면 날마다 수많은 손님들을 상대하면서 변함없이 친절하기란 쉽지 않은 일이다. 하지만 이곳의 종업원들은 이가 잘 맞는 톱니바퀴처럼 척척 손발을 맞춰 가며 즐겁게 일한다. 그 모습이 보기 좋다.

다른 날보다 유난히 할 일이 많고 바쁜데도 덜 힘들게 느껴지는 날이 있다. 함께 일하는 동료 승무원들과도 호흡이 잘 맞고, 손님들과도 마음이 잘 맞는 날. 말은 안 해도 서로에게 진심으로 고마움이 찌잉~ 전해지는 날. 그런 날은 피곤함도 모르고 신이 나서 일하게 된다. 나는 그런 날을 '브라보 데이'라 명한다.

'여기 이 사람들에게는 매일 매일이 브라보 데이인가.' 라는 생각이 들만큼 움직임이 경쾌하다. 자신의 일을 사랑하는 사람들과 함께 벽난로 앞에서 카푸치노를 마실 수 있는 시애틀, 브라보!!

여자의 그릇 이야기

미국 뉴욕 • New York

요리를 그다지 좋아하지 않아도 그릇 욕심은 많은 여자. 치즈케이크 한 조각도 예쁜 접시에 담아 먹는 여자. 과일 한 조각이라도 대충 아무 데나 담는 것은 용서 못 하는 여자. 싸구려 인스턴트 커피 한 잔도 꽃무늬 커피 잔에 마시는 여자.

그런 여자들이 있다는 얘기는 들었다. 허나 설마 내가 그렇게 되리라고는 짐작 못했다. 치즈케이크는 사온 그대로 플라스틱 용기에 먹었다. 뭘 또 새 그릇에 묻혀, 이러면서. 과일도 접시 하나 꺼내기 귀찮아 껍질 까놓은 쟁반에 그대로 받쳐먹곤 했다. 인스턴트 커피는 종이컵이 오히려 편하기까지 했다.

그랬던 내가, 변했다. 자꾸만 그릇이 눈에 들어왔다.

'예쁜 식탁 러너를 깔고, 그 위에 풍성한 꽃다발을 올리고, 이런 그릇에 담아내면 얼마나 행복할까. 음식 먹기도 아까울 거야.'

이런 낯선, 어처구니없는 생각들이, 어느 날 느닷없이 내게도 찾아온 것이다.

결혼을 앞둔 선배가 그릇을 보러 간다기에 쫄래쫄래 따라갔던 레녹스 매장. 백악관 식기로 잘 알려진 브랜드라는데, 꽃무늬가 너무 예쁜 거다.

'아, 예쁘다. 갖고 싶다.'

이 말이 절로 나왔다. 그런데 가격이, 헉! 뭔 접시 하나가 그렇게 비싼지 깜짝 놀랐다. 나는 겨우 케이크 받침대로 쓸 작은 접시 두어 개만 사고 다음을 기약했다.

그 때 이후부터 할인행사를 할 때마다 틈틈이 그릇들을 사 모으기 시작했다. 그릇을 뽀득뽀득 기분 좋은 소리가 나게 닦아, 차곡차곡 쌓아놓는 기쁨을 누렸다. 대단한 요리가 아니더라도 예쁜 접시에 담아 먹으면 고급 레스토랑이 부럽지 않았다. 자꾸만 누군가를 집으로 초대하고 싶어졌다. 그 재미에 빠져 하나씩 사다보니 어느 새 풀세트가 갖춰졌다.

그런데 참 희한한 일이다. 미국 매장에서 50% 세일에, 11% 텍스 할인까지 받아 구입해서 깨지지 않게 비닐로 똘똘 말아 어렵게 싸가지고 왔는데…….

'밥 안 먹어도 배불러. 완전 잘 샀어, 잘 샀어.'

뿌듯해 했는데……. 한국에서 인터넷 가격을 살펴보니, 세트 가격이 내가 현지에서 산 가격보다 더 싼 거다. 이 무슨 황당 시츄에이션이란 말인가.

그래도 나의 그릇 사랑은 멈출 수 없다. 꼬깃꼬깃 쌈지 돈을 모아 묵직한 포트메리온 접시 하나 사고, 웨지우드 찻잔 세트 하나 사는 사치. 고가의 명품 핸드백을 사는 사치와는 또 다른 행복을 선사한다. 누군가와 함께 할 기대로 가슴 설레는 행복.

'여기다가 갓 구운 쿠키를 담아서 친구를 불러야지. 여기다가는 색색의 과일을 소복하게 담아야지.'

이런 생각들이 그릇을 고르는 내내 마음속에 차오른다. 겉이 아니라 속까지, 나도 비로소 여자가 되어가고 있는 것이다.

〈오페라의 유령〉 대 굴욕 관람기

미국 뉴욕 • New York

뮤지컬의 본고장 뉴욕에서 뮤지컬을 본다?
생각만으로도 근사했다. 우리가 묵었던 뉴욕호텔이 마침 매제스틱 Majestic 극장과 붙어있었다. 그 바람에 저녁나절 잠깐 짬을 내 뉴욕 뮤지컬 관람이라는 황홀한 스케줄을 잡았다. 극장에서는 뮤지컬 〈오페라의 유령〉을 장기 공연하고 있었다.
'그 유명한 〈오페라의 유령〉을 본토에서??'
사자가 먹잇감을 발견한 것처럼 공연이 심하게 땡겼다. 그러나 전 좌석 매진. 남은 건 입석뿐. 3등 완행열차도 아니고 입석이 웬말인가!
그러나 먹고 사느라 바쁜 우리 인생에 문화를 향유할 수 있는 기회가 결코 제 발로 찾아와 주지 않는다는 거. 그래서 어떻게든 기회가 왔을 때 일단 챙겨 보는 게 수라는

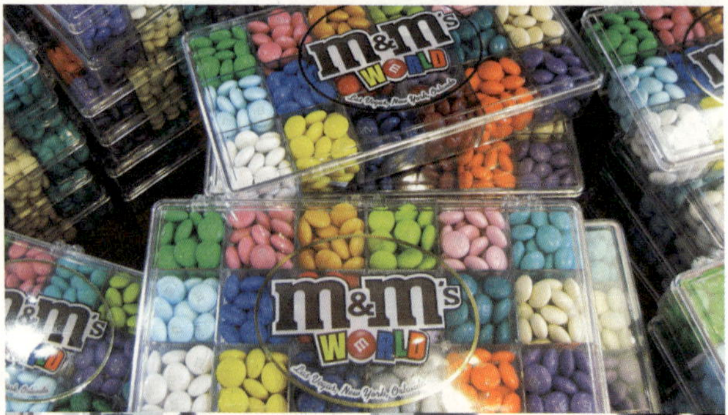
m&m's
WORLD
Las Vegas, New York, Orlando

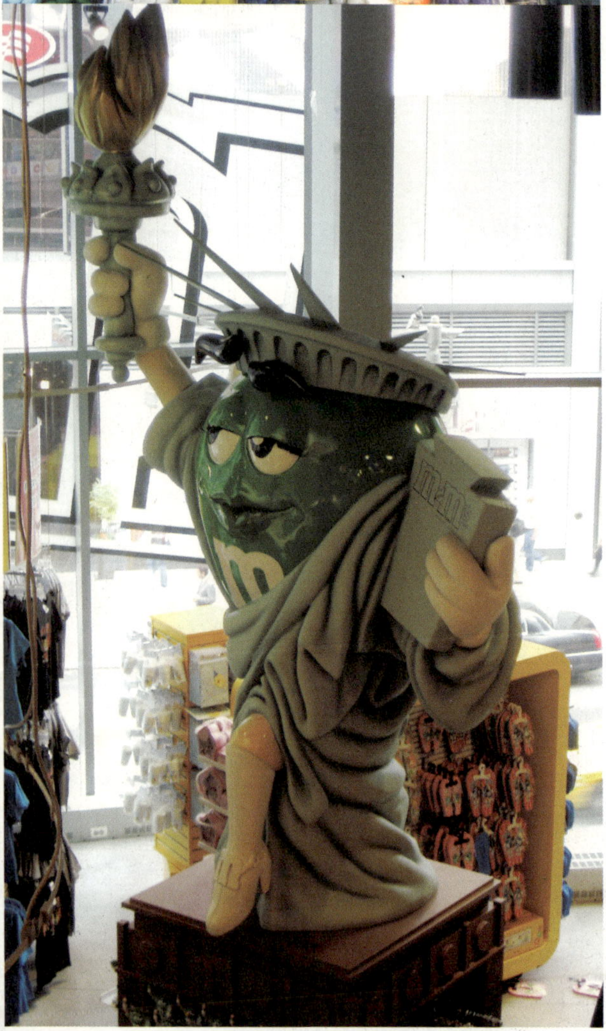

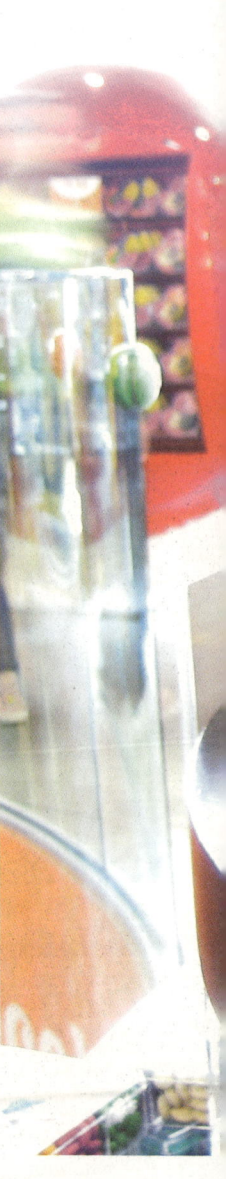

거. 게다가 20달러 주고 뮤지컬을 감상할 수 있는 절호의 찬스라는 거!
'불 꺼지면 살짝 계단 가운데 앉아서 보면 되지 뭐.'
요런 얍삽한 잔머리를 굴리며 우리는 일단 티켓을 끊었다. 드디어 조명이 어둑해지고 공연이 시작되었다. 입석자리는 경사진 관람석 제일 위쪽에 있었고, 난간에는 번호가 붙어 있었다.
'이 번호 앞에 서서 보라는 얘긴가 본데?'
그러나 자리번호 따위 간단하게 무시한 채 슬금슬금 기다시피 가운데 계단으로 내려가 앉았다.
'어, 좋네!'
화려한 무대가 한 눈에 들어오는 좋은 계단에 앉아 집중모드로 돌입하려는 찰나, 누군가 내 어깨를 친다. 돌아보니, 직원인 듯 보이는 사람이 단호하게 충고한다.
"여기 있지 말고 너희들 자리로 돌아가 줄래?"
우리는 하는 수 없이 도로 난간 뒤에 섰다. 그러나 도무지 무대에 집중할 수가 없었다. 한 삼십 분을 버티다가 다시 또 슬금슬금 계단에 앉았다. 그러자, 조금 전의 그 사람이 다시 어깨를 쳤다. 고개를 까딱하며 저리로 가라는 표시를 했다.
'에구구! 뉴욕까지 와서 이런 굴욕이 있나. 문화생활 좀 하려다가 문화수준 떨어지네.'
하는 수 없이 또 난간 뒤로 조용히 돌아갔다. 하루 종일 여기저기 돌아다닌 데다가 한국 시간으로 치면 밤 꼬박 새고 오전 열시를 지나고 있는 터여서 몸이 파김치였다. 다리가 저려오기 시작했다. 피곤에 지친 우리들은 거의 난간에 매달리다시피 했다.
점점 무거워지는 눈꺼풀에 간신히 힘을 주고 있다가 우당탕 소리에 퍼뜩 정신을 차렸다. 뭐야, 뭐야? 목을 빼고 무대 위를 자세히 보니, 천장에서 샹들리에가 떨어진 것이 겨우 보였다. 공연의 하이라이트가 전개되고 있는 것이었다.
20불짜리 티켓에는 감동도 20불어치만 허락된단 말인가. 크리스틴의 천상의 목소리와 팬텀의 비극적 운명이 하나도 와 닿지 않았다. 굴욕적인 관람을 끝내고 나오면서, 다음에는 꼭 로얄석에서 제대로 보리라 두 주먹을 불끈 쥐었다.
결국 2년 뒤, 나는 뉴욕 뮤지컬이 아닌 메가박스에서 영화로 〈오페라의 유령〉을 다시 만났다. 눈물까지 훌쩍이며 영화에 감동했다. 그 때, 뉴욕에서 좌석표만 구했더라면, 굴욕적인 도둑 좌석을 탐하지 않았더라면 몇 배의 감동을 만끽했을 텐데!

혼자 **쓰리콤보** 먹는 여자

미국 하와이 • Hawaii

하와이에 가면 꼭 들르는 일본 라면집이 있다.
라멘 에조기쿠 RAMEN EZOGIKU.
처음 그곳에 갔을 때, 나는 망설이다가 쓰리콤보를 주문했다. 음식 맛이 어떨지 몰라, 세 개 가운데 하나라도 건지자는 심산이었다. 일본 라면과 교자 4개, 볶음밥. 이렇게 세 가지 메뉴가 함께 나오는 쓰리콤보. 라면 하나 가격에 몇 달러만 더 추가하면 다른 두 가지 메뉴를 더 먹을 수 있다니, 환상이었다. 그런데 주문을 받는 아주머니가 자꾸만 "쓰리콤보? 쓰리콤보 메뉴?"
하면서 되물었다. 나는 이유를 알 수 없었다.
"네, 그렇다니까요. 제발 쓰리콤보를 주세요."
그러나 아주머니는 투콤보도 있으니, 투콤보를 먹으라고 권했다. 아무래도 쓰리콤보 메뉴는 양이 너무 많다면서 걱정해 주었다.
"아니요. 괜찮아요. 그냥 쓰리콤보 주세요."
나는 실랑이 끝에 겨우 쓰리콤보를 주문했다. 내 돈 내고 내가 먹겠다는데도 참 쉽지가 않구나, 잠시 푸념했다. 음식이 나오자마자 냉큼 맛을 보았다.
와우! 기대 이상으로 모두 맛이 좋았다. 나는 순식간에 세 가지 메뉴를 모두 말끔히 먹어치웠다.
내가 먹는 내내 아주머니는 곁눈질로 나를 힐끔힐끔 쳐다보았다. 그러나 나는 의기양양하게 마지막 하나 남은 교자까지 입에 넣었다. 그리고 마침내 젓가락을 내려놓자, 아주머니는 슬쩍 고개를 돌리시며 웃었다. 아무래도 나의 먹성에 놀라신 것 같았다.

그 다음부터 라멘 에조기쿠는 하와이에서 나의 단골집이 됐고, 쓰리콤보는 나의 페이보릿 메뉴가 됐다. 면세점을 구경하거나 와이키키 해변을 따라 쇼핑을 한 후, 나는 어김없이 에조기쿠의 문을 두드린다. 그러면 아주머니는 반갑게 인사를 하신다.
"하이! 쓰리콤보!"

앵커리지에는 **북극곰**과 **승무원**만 걸어 다닌다?

미국 앵커리지 • Anchorage

지금은 취항하지 않아 아쉬운 곳, 알래스카 주의 앵커리지.
"알래스카? 북극곰 나오는 그 알래스카? 헉!"
내가 알래스카의 앵커리지에 대한 그리움을 토로하면 백이면 백 다 헉, 한다. 그러나 앵커리지는 여름은 여름대로, 겨울은 겨울대로 아주 매력적인 곳이다. 작은 돌멩이 하나라도 던지면 쨍그랑 부서지고 말 유리창처럼, 앵커리지의 여름 하늘은 맑고 파랗다. 그 파란 하늘 위로 경비행기들이 날아다니고, 강에서는 은빛 연어 낚시를 즐긴다. 밤이 되어도 해가 지지 않는 백야도 있다(허나 백야는 이름만큼 낭만적이지는 않다는 게 개인적인 생각이다. 사람은 깜깜해지면 자고 환해지면 깨야 하는데, 도통 깜깜해지질 않으니 몸이 영 헷갈려한다). 또 겨울에는 다소 썰렁하긴 하지만, 제법 맵고 겨울다운 겨울을 만끽할 수 있다. 처음 앵커리지에 갔을 때, 허리까지 쌓인 눈을 보고 어린 아이마냥 펄쩍펄쩍 뛰어다녔다.
"나, 사진 찍을래! 눈사람 만들까?"
눈 구경하겠다고 밖으로 뛰어나가는 내게 선배들은 전설이라도 들려주듯 말했다.
"앵커리지에는 북극곰과 승무원만 걸어 다닌다는 우스갯소리가 있단다."
처음에는 그 말이 도통 이해가 되지 않았다.
그 도시는 하도 추우니까 걸어 다니는 것은 거의 불가능하다. 그런데 승무원들은 차가 없으니까 가까운 곳은 참고 걸어 다닌다. 그 추운 알래스카의 겨울 거리를 걸어 다니는 승무원들의 모습이 그곳 사람들의 눈에는 이상하게 보였으리라.
그러나 북극곰과 같은 레벨로 취급되더라도 하얀 눈꽃 세상을 모른 채 할 수는 없었다. 눈밭에서 마냥 데굴데굴 굴러보고 싶은 마음이 굴뚝같은데! 북극에서 곰처럼 뚜벅이 신세였던 우리들. 그러나 이제 더 이상 앵커리지 취항을 하지 않아 우리는 앵커리지의 겨울 거리를 걸어 다닐 수 없다(혼자 걸어 다닐 북극곰은 외롭겠다.^^). 그러나 앵커리지의 푸른 하늘과 새하얀 눈꽃은 오래오래 기억 속에 남아 있을 것이다.

안녕, 무스!

미국 앵커리지 • Anchorage

앵커리지에는 칼 KAL 아파트가 있었다. 방 두 개에 작은 거실과 화장실이 딸린 곳이다. 아파트 로비의 한 구석에는 슬라이스 식빵인 '원더 브레드'와 함께 마가린, 토스트기가 늘 비치되어 있다. 심심하면 내려가 식빵을 구워먹고, 라면도 끓여 먹고, 운동도 할 수 있는 아늑한 장소다. 칼 아파트에서는 식빵 먹었던 거 말고도 잊을 수 없는 추억 하나가 더 있다.

승무원 생활에 차츰 적응하면서 한창 재미를 붙여가던 여름이었다. 그 날도 한국 시계만 보고 잠자리에 들었을 때다. (어디를 가더라도 시차 적응 잘하려면 기본적으로 한국 시간을 기준으로 생활하는 게 비결이다. 현지 시간에 상관없이 한국 시간으로 자고 먹는 리듬을 지켜나가는 게 좋다.) 자꾸만 밖에서 서걱서걱 소리가 나는 거다. 신경에 거슬렸지만 애써 무시하고 잠을 청했다. 그러나 무슨 소리인지 전혀 예측할 수 없는 낯선 소리는 멈추지 않았다. 갑자기 무서운 생각이 들었다. 하지만, 도저히 궁금함을 참지 못하고 자리에서 일어났다. 그리고 살그머니 창문을 열었다.

그런데 꺄악! 이상한 소리의 주인공은 덩치가 말만하고 머리에 큰 뿔이 달린 무스였다! 무스는 나무 밑동을 뒤지며 먹이를 찾고 있었다. 멀고 먼 남의 땅에서 절친이라도 만난 듯 반가웠다.

"안녕, 무스!"

나는 손을 흔들며 웃었다.

먹이 찾기에 집중하던 무스가 나를 돌아보았다.

"얘는 또 뭐니?" 하는 멀뚱한 표정이었다. 그러나 좋았다. 영광이었다. 앵커리지 기념품 가게에서 파는 모든 열쇠고리, 장식품 등에는 무스가 있다. 차를 타고 가다가 길 위에서 무스를 만나면 모든 차가 멈춰 선다. 무스가 먼저 지나기를 기다리는 것이다 (물론 무스랑 부딪쳤다가는 차가 부서지니까 알아서 조심들 하느라 그런 거라지만!).

앵커리지의 대스타, 무스! 나는 달려가 사인이라도 한 장 받고 싶은 심정이었다.

"날 찾아와줘서 고마워~! ㅋㅋ"

나는 사진기를 꺼내고 친구를 부르며 수선을 떨었다. 그러나 무스는 엣지있게 고개를 돌렸다. 돌아서는 그의 머리에 달린 커다란 뿔은 그야말로 포스작렬이었다.

"아무렴, 대스타께서 너무 헤프면 안 되지!"

나는 나를 찾아온 반가운 손님에게 다시 손을 흔들었다.

"안녕, 무스!"

나이아가라 폭포를 독차지 하는 비결

캐나다 토론토 • Toronto

2001년 9.11테러 직후의 뉴욕 행 비행기.
2003년 사스 SARS 이후의 방콕 행 비행기.
과연 어땠을까?

그런 위험한 곳에는 아무도 가지 않을 것 같아 대부분 항공편을 취소하지만 그래도 가시는 손님이 몇몇 있고, 손님이 있으면 당연히 승무원도 있다. 그러나 그런 비수기의 비행은 승객도 승무원도 오히려 모두 행복하다.

2001년, 뒤숭숭한 분위기와 가족들의 걱정을 뒤로 한 채 뉴욕으로 비행을 갔다. 그러나 덕분에 비행 자체는 매우 한갓졌다. 뉴욕까지 13시간 비행하고도 몸이 하나도 피곤하지 않았다. 게다가 이코노미 클래스에서 네 자리 붙여, 누워 가신 한 손님께 '오늘 서비스 최고였다'는 칭찬까지 받았나. 마치 전용기라도 탄 듯한 기분이셨을 거다.

너도 나도 다 가는 성수기 때의 만석 비행기보다 남들 아무도 가지 않을 때 사람에 치이지 않고 널찍하게 이용하는 비행기 여행. 그 재미가 꽤 쏠쏠하다.

한 겨울의 나이아가라 폭포 관광도 마찬가지다.

그 커다란 폭포를 나 혼자 독차지 할 수 있는 절호의 기회, 바로 추운 겨울이다.

여름 성수기에 폭포 앞 명당 자리에서 사진을 찍으려면 사람들과 얼마나 신경전을 벌여야 하는가. 기껏 사진을 찍었더니 모서리에 모르는 사람이 찍혀 다시 찍어야 했던 적이 얼마나 많았는가.

겨울에 가면 전혀 그럴 필요가 없다. 아무도 없다. 오히려 사진 찍어달라고 부탁할 사람이 없어 힘들 정도다. 커피숍에서도, 식당에서도 줄을 설 필요가 없.

파란 하늘 아래로 세차게 떨어지는 여름의 나이아가라 폭포도 멋있지만, 꽁꽁 얼어붙어 안개와 묘하게 어우러진 한 겨울의 나이아가라 폭포도 장관이다.

겨울에는 '안개속의 숙녀호'가 운행하지 않아 비옷 입고 폭포 바로 앞까지 가지 못한다는 한 가지 아쉬운 점이 있긴 하다. 그래도 세계인에게 사랑받는 나이아가라 폭포를 나 혼자 독차지 하려면 그 정도는 얼마든지 양보 할 수 있다.

밴쿠버의 맛집, **자파도그**

캐나다 밴쿠버 • Vancouver

밴쿠버 시내에 자파도그 Japadog 라는 일본식 핫도그 집이 있다. 서튼 플래이스 호텔 Sutton Place Hotel 바로 앞에 있는 이 핫도그 집은 겉보기에는 그저 그런 길거리 포장마차에 불과하다. 그러나 핫도그 맛이 끝내준다. 입소문이 나기 시작하면서, 밴쿠버 다운타운의 맛집으로 소문났다. 호텔 앞에 도착한 뒤 픽업 버스에서 내리면, 언제나 그 고소한 냄새가 우리를 반긴다. 그에 화답이라도 하듯 위장도 마구 꿈틀거린다. 어서 핫도그를 입에 넣어 위로 내려보내 달라고 애원하면서!

그러면 도저히 그 요구를 무시할 수 없어진다. 모두들 호텔로 들어가는 사이, 몇 명은 얼른 뒤로 빠져 핫도그를 하나씩 포장한다. 받자마자 냉큼 한 입 베물고 싶지만 차마 제복입은 체면에 그럴 수는 없는지라 간신히 참는다.

화장실이 급한 사람처럼, 룸 키를 받아 들고 종종 걸음으로 빠르게 방을 찾아 간다. 엘리베이터를 타고 방 안까지 가는 시간이 얼마나 긴지! 끌고 가던 가방을 내동댕이치고 핫도그만 움켜쥐고 싶은 충동이 얼마나 큰지!

방에 들어서기가 무섭게 가방은 한 구석에 밀쳐둔다. 그리고 고기 살점을 훔쳐 도망쳐온 짐승처럼 안전한 장소에서 허겁지겁 핫도그를 먹는다. 너무너무 맛있어 눈물이 난다.
'너무 맛있어 눈물이 나더라'는 나의 표현에 친구는 과장하지 말라고 핀잔을 주었다.
'핫도그가 핫도그지, 얼마나 맛있다고 눈물까지 나냐'면서 핀잔을 주었다.

그.러.나. '맛있어서 눈물 난다'는 표현은 자파도그 핫도그에 대한 가장 솔직한 나의 평가다. 다음 날도 아침에 눈을 뜨자마자 또 그 핫도그 생각이 날 정도니까. 못 믿겠다는 사람은 부디 꼭 한 번 드셔보시라. 작고 허접한 이곳이 왜 밴쿠버의 명물이 되었는지를 알게 될 것이다.

2010년 동계올림픽을 앞둔 중요한 때. 자파도그의 일본 주인은 신메뉴를 개발했다.

이름하야 '아사다 마오 핫도그!' 빵 사이에 고베 쇠고기와 소시지를 끼우고 돈가스 소스를 얹은 핫도그다. 특히 아사다의 필살기인 트리플 악셀의 성공을 기원하며 세 번 커팅한 소시지를 넣었다. 게다가 소시지 위에는 금메달에 대한 염원으로 황금색과 빨간색 단풍잎 모양의 유바(얇은 두부)를 얹었다. 핫도그 하나에 조국의 승리를 담은 그 창의성과 열정에 박수를 보내고 싶다. 다만, 마오 도그의 하나 가격은 우리 돈으로 약 1만원이 넘는다. 자파도그에서도 가장 비싼 메뉴다. 하지만 점심시간 도중에는 품절되기 일쑤다.

'왜 연아 도그는 없는 고얏!!'

우리는 마오 도그를 노려보았다. 김연아 선수가 금메달을 따던 날, 나는 가장 먼저 아사다 마오 핫도그가 떠올랐다.

'아하, 아깝다. 자파도그 앞에서 태극기를 흔들었어야 하는데! 김연아의 우승을 축하하며, 마오 도그를 우걱우걱 먹어줘야 하는 건데!'

생각해 보면, 나도 참 놀부 심보다.

내 맘대로, 여행을 말하는
일곱 가지 방식

#남색

쪽빛 하늘 닮은 땅, 오세아니아 빛깔

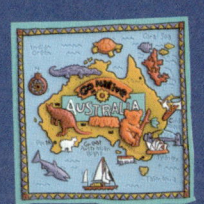

멜버른에서 트램을 타고

호주 멜버른 • Melbourne

멜버른에서는 교통비 걱정을 하지 않아도 좋다. 다리 힘이 아직 쓸 만하다면 걸어서도 시내 구석구석을 돌아다닐 수 있다. 그렇지 않더라도 무료 트램이나 무료 버스를 이용하면 얼마든지 돈 안 들이고 시내 구경을 할 수 있다. 트램을 빼놓고서는 멜버른을 말할 수 없을 정도로 무료 교통 서비스가 발달해 있다. 참 착한 동네다.

우리나라 5,60년대 분위기가 나는 자줏빛 시티 서클 트램 City Circle Tram. 이 무료 트램을 타고 내리면서 시내를 둥글게 한 바퀴 돌면 하루해가 간다. 오전 열시부터 오후 여섯 시까지 어디든 무료로 갈 수 있는 것이다.

나의 첫 번째 정거장 - 성 패트릭 성당

호텔 앞에서 트램을 타고 성 패트릭 St. patric's 성당에 간다. 늘 갈 때마다 조용하고 경건한 성당이다. 특히, 해질 무렵에 가면 표독스런 악마라도 마음이 순해질 것이다.
처음 이 성당을 찾아갔을 때, 나는 여러 가지 개인적인 고민이 많았었다. 아무리 생각하고 또 생각해도 답이 보이지 않을 때, 아무리 발버둥 쳐도 길이 보이지 않을 때, 우

연히 찾아간 성 패트릭 성당은 내 영혼을 들여다 볼 수 있게 해주었다. 편안하게 나를 안아주었고, 오랫동안 나를 지켜봐왔다고 말해주는 듯 했다. 성당 마당을 산책하고, 조용한 성당 안으로 들어섰을 때는 나도 모르게 눈물까지 핑 돌았다. 80년 동안이나 정성들여 지었다는 그 오래된 고딕양식의 아름다움, 성스러움에 신자가 아니더라도 기도를 하고 싶어질 것이다.

긴 교회 의자 밑에 처음 보는 받침대가 있었다. 나는 발을 올려놓는 곳인 줄 알았다. 그런데 옆에 사람들을 힐끔 보니, 그것은 무릎 꿇고 기도할 때 쓰는 무릎받침대였다. 요즘은 성당마다 사람들이 많아서 편의상 무릎받침대를 없앤 경우가 많다고 한다. 그러나 의자에 앉아서 기도를 하는 것보다 두 무릎을 꿇고 기도를 하는 것이 더 경건해 보이는 건 왜일까?

지금 뭐냐고, 나더러 어쩌라는 거냐고 따지고 싶던 마음이 무릎을 꿇자, 사르르 녹아버렸다. 너그러운 누군가가 다가와서 따뜻하게 안아주었을 때처럼, 걱정이 덜어졌다. 모두 잘 될 거라는 안심이 들었다.

기도의 효과였는지는 몰라도, 절대 풀리지 않을 것 같았던 그 때의 일들도 돌아보니 어느새 하나둘씩 풀려 있다. 영원히 해결되지 않는 문제 따위는 없으니까. 힘들다고 생각될 때, 그 순간만 마음 다잡고 잘 넘기면 되는 것이다, 결국 모든 문제는 시간이 지나면 해결되게 마련이니까.

지금도 멜버른에 갈 때마다 꼭 이 성당에서 시간을 보내곤 한다. 갈 때마다 그곳에서 큰 용기와 위로를 얻는다. 마음 심란한 자들이여, 성 패트릭 성당으로 오라!

나의 두 번째 정거장 –빅토리아 미술관

트램을 타고 돌다가 플린더스 거리 역 Flinders street station 앞에서 내린다. 이름도 예쁜 야라 yarra 강변을 산책하다가 미술관에 갔다. 빅토리아 미술관도 무료다. 참 착한 멜버른!

앤디워홀, 마티스 등의 작품을 마음껏 감상할 수 있고, 고맙게 사진까지 찍을 수 있다. 로댕의 발자크상과 그리스 여신상이, 정원과 식당 입구에 각각 놓여 있다. 누구나 무료로 자유롭게 즐길 수 있게 했다. 인심도 후하신 멜버른!

내가 빅토리아에서 보았던 작품 가운데 잊을 수 없는 게 있다.

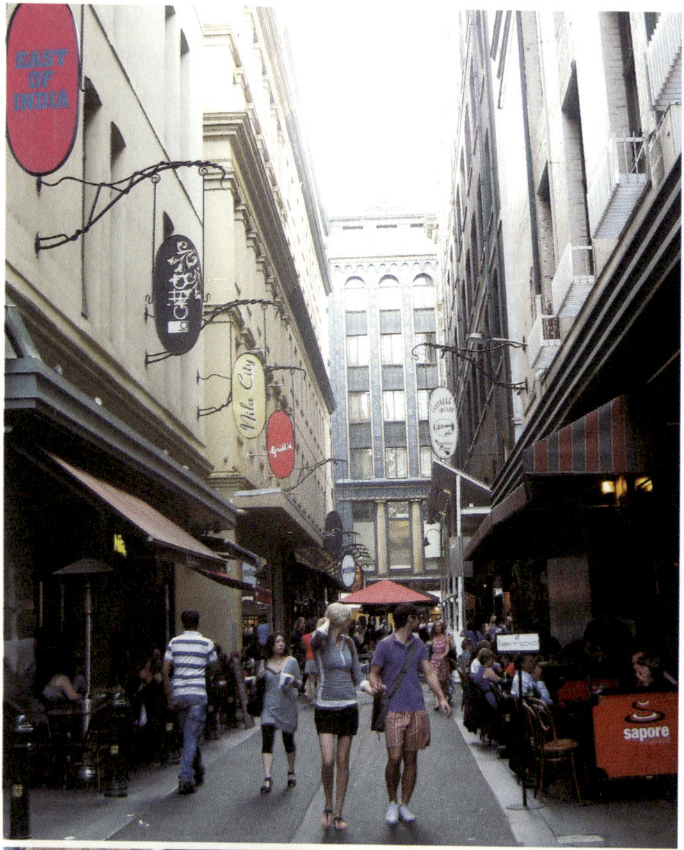

⟨The Bicycle Boys Rejoice⟩라는 제목의 작품.

어린 아이가 크레용으로 아무렇게나 그린 것 같은 드로잉이었다. 아이들의 스케치북 어디에서나 만날 수 있을 법한 그림 한 장에 울컥 목이 메었다. 누구에게나 마음 한켠에 남아 있을 유년시절의 기억을 불쑥 끄집어낸 그림이었다.

인생에서 처음 자전거를 만났을 때, 처음 두 발 자전거를 탈 수 있게 되었을 때, 그 때의 뿌듯함과 자유로움이 어제 일처럼 생생하게 떠올랐다.

내게 처음 자전거를 사주시고, 가르쳐주셨던 젊은 시절의 아빠 모습, 보조바퀴를 떼고 두 바퀴로 달리게 되었을 때의 쾌감을 잊을 수 없다. 시원한 바람을 맞으며 쌩쌩 달릴 수 있게 되었을 때, 나는 세상 어디든 갈 수 있는 자유인이 된 것만 같았다. 아무리 큰 어른이라도 걸어서는, 자전거 탄 나를 따라잡지 못했다. 마음만 먹으면 먼 곳도 단숨에 달려갈 수 있다는 사실은 나에게 더 넓은 세상을 꿈꿀 수 있게 해주었다.

그리고 한 살 한 살 나이들수록 그 수단은 자전거에서 자동차로 그리고 비행기로 발전했다. 나에게 비행기는 어릴 적 나의 자전거가 그랬듯이 여전히 나를 설레게 하고 꿈꾸게 만드니까. 특히 내 자전거는 경적을 울릴 때 여러 가지 소리를 낼 수 있는 신형이었다. 친구들은 내 자전거의 경적을 모두 신기해했다. 나는 아이들 앞에서 으쓱해졌다.

그런데 어느 날, 그 자전거를 잃어버렸다. 지금도 그 날을 회상하면 아파트 상가 앞에서 자전거를 잃어버린 채 울고 서 있던 내가 손에 잡힐 듯하다. 부모님께 꾸중 들을까봐 무서워 집에도 못 들어가고 하염없이 자전거를 찾으며 울었다. 날이 어둑어둑 해질 무렵, 엄마가 나를 데리러 나오셨다.

"그만 찾고 집에 가자. 잃어버린 건 할 수 없어. 그 자전거가 네 것이 되려면 내일이라도 찾아질 거야."

혼낼 줄 알았던 엄마의 말씀에 마음이 푹 놓였던 기억.

그래, 잃어버린 건 할 수 없어. 동동거린다고 돌아오는 건 아니지. 돌아올 거라면 동동거리지 않아도 우연히 돌아올 테고.

끝내 난 내 자전거를 찾지 못했지만, 내 손을 떠나버린 것들에 대해 미련 갖지 않는 법을 배웠다. 그것은 내 자전거가 나에게 가르쳐준, 선물 같은 교훈이다.

호주의 **야생동물 3종 세트**

호주 브리즈번 • Brisbane

야생동물과의 즐거운 하루를 꿈꾼다면, 브리즈번으로 오세요!
론 파인 생츄어리 Lone Pine Sanctuary. 호주 최대의 코알라 보호구역이다. 호주의 대표 야생동물인 캥거루, 코알라, 양.

흔하다고 생각할 수 있지만, 실제로 가까이에서 직접 안아보고 먹이도 주면서 놀아볼 수 있는 기회는 흔하지 않다. 그래서 큰 맘 먹고 버스로 40분을 달려 론 파인 생츄어리로 갔다.

넓은 잔디밭에서 마음껏 뒹굴고 있는 캥거루들. 긴 다리를 옆으로 모으고 요염하게 누워있는 모습에 웃음이 나왔다.

'참내, 요것이 동물인지, 사람인지!'

캥거루들은 사람이 오거나 말거나 신경도 쓰지 않았다. 아니 오히려 사람들 보라고 일부러 포즈를 취하는 것처럼 보였다. 다가가서 톡 건드리면, 만화영화의 동물들처럼 말을 할 것 같았다.

"왜? 나 불렀어? 넌 어디서 왔니?" 하고.

살금살금 다가가 카메라를 들이대면 다른 곳을 보면서 딴청을 부렸다. 먹이를 가지고 꼬드기면 촉촉한 혀로 냠냠 받아먹었다. 그러다 찰칵, 셔터를 누르려고만 하면 샥 고개를 돌려버렸다. 바짝바짝 약이 올랐다. 분명히 얄밉기는 한데, 캥거루와 실랑이를 하는 그 자체가 신기하고 재밌었다. 제 고집대로 하겠다고 우기는 캥거루와 한 컷이라도 찍어보겠다고 들이대는 내 모습이 마치 개와 고양이 같았다.

'너 사람이니? 캥거루니? 지금 나랑 놀자는 거지?'

눈을 흘기며 가만히 쳐다보면, 나와 눈을 맞추고 몇 초를 그대로 있었다.

'내가 동물원의 원숭이니? 사진 좀 그만 찍어!'

캥거루는 내가 못 마땅한 듯 했다.

양들은 쉬지 않고 메에에에~ 울어댔다. '양들의 침묵'은 없었다. 다가가려고 하면 순식간에 도망가 버렸다. 캥거루처럼 주거니 받거니 소통하기도 어려웠다.
'아, 이래서 양치기 소년이 심심했구나. 그래서 마을에 대고 자꾸만 거짓말을 했구나.'
문득 거짓말쟁이 양치기 소년이 막 이해가 되기 시작했다.
코알라는 Y자의 나뭇가지에 묵직한 몸을 끼워 넣은 채 자고 있었다. 귀를 축 늘어뜨리고 나뭇가지에 매달려 자는 걸 보니, 노래 한 곡조가 떠올랐다.

"숲속에 사는 코알라, 아무것도 모르는 코알라, 코!알!라!"
자기 주제가라는 걸 눈치 챘는지, 코알라가 벌떡 일어났다. 어맛, 귀여워. 평상시에는 관광지에서 입장료 외에 다른 추가 비용은 거의 쓰지 않는 편이다. 그러나 이번 만큼은 특별히 돈을 내고라도 사진을 찍고 싶었다. 거금 16달러를 내고 코알라를 안았다. 두 손을 깍지 껴 손바닥을 위로 오게 한 다음, 코알라를 받았다. 제법 묵직했다. 그런데 한 마리는 어찌나 땡깡을 부리는지 애를 먹었다. 계속 딴 데 쳐다보고 울고 해서 조련사들이 유칼립투스를 입에 물려주었다. 그런데 한 마리는 프로답게, 사람 팔에 매달려 점잖게 카메라를 쳐다보았다. 뭘 좀 아는 녀석이었다.

그 때 양치기 개가 빠른 속도로 양을 우리에 몰아넣었다.(오~ 개는 역시 여러모로 쓸모 있는 동물이다.) 그러자 본격적으로 양털깎이가 시작되었다. 양을 꿍, 하고 쓰러뜨려 끌고 나온 다음 한 마리씩 빠른 속도로 털을 밀었다. 뭉텅뭉텅 털을 깎이는 양이 안쓰러웠다. 양들 가운데에도 자존심이 강한 녀석이 있다면, 참 싫겠다 싶은 생각이 들기도 했다. 그렇다고 양에게 털 깎는 독방을 지어주고 음악 틀어주면서 우아하게 털깎이를 시킬 수도 없고!

양에 대해 이런 안쓰러움이 생긴 건, 아마도 하루 동안 동물들과 호흡하고 소통하면서 생긴 존중감 때문일 것이다. 그러니 단 하루의 체험도 이런데, 어려서부터 자연 속에서 동물들과 함께 어우러져 살면 얼마나 자연과 동물에 대한 이해가 깊어질까?

동물 사랑을 표어로 배우지 않더라도 나 아닌 다른 존재에 대한 존중과 사랑이 몸에 밸 텐데……

브리즈번의 야생동물들과 함께 보낸 하루가 아주 특별했다. 일기거리가 많은 날은 밥 안 먹어도 배가 두둑이 부르다. 쿠사 산 꼭대기에서 내려다 본 아름다운 풍경과 해질녘의 사우스 뱅크는 보너스였다.

시드니에서 맞은 **발렌타인 데이**

호주 시드니 • Sydney

초콜릿을 한 바구니 들고, 붉은 장미꽃을 안고, 사랑하는 사람을 만나러 오페라 하우스 앞으로 달려가는 저녁! 시원한 바다와 저녁노을이 사랑을 축복해 준다. 야외 테라스에서 함께 식사를 하고, 바다를 바라보며 함께 산책을 하고, 하버 브릿지에서 뜨거운 키스를 나누는 그림. 초콜릿 향기가 온 몸에 스며드는 행복한 발렌타인 데이!

이것이 내가 꿈꾸는 발렌타인 데이 최고 명장면이다. 우리나라에서라면 추워서 발렌타인 데이고 뭐고 바깥 데이트는 불가능하겠지만, 호주에서는 가능하다. 살랑살랑 두 뺨을 간질이는 바람을 맞으며 발렌디인 데이를 즐길 수 있다

비록 오페라 하우스 앞에서 만나기로 약속한 연인은 없었다. 그러나 발렌타인 데이 저녁 나절에 왠지 호텔방에서 뒹굴고 있어서는 안 될 것 같았다. 혼자라도 하버 브릿지로 산책을 나섰다. 공원에서, 산책길에서 누군가와 함께 걷고, 함께 웃는 사람들을 보니 왠지 기분이 말랑말랑해졌다. 이 지구 위에 오직 두 사람만이 존재하는 듯, 맹렬히 키스를 나누는 젊은 연인들을 쳐다보면서 핸드폰을 만지작거렸다.

'누구라도 전화를 해준다면, 비싼 로밍요금 생각하지 않고 전화를 받아주겠어!'

그러나 끝끝내 전화벨은 울려주지 않았다. 주위는 점점 어두워지고 도시의 불빛이 밝아왔다. 왠지 서글퍼져서 오페라 하우스 앞의 계단에 쭈그리고 앉았다.

거리 악단의 음악에 맞추어 춤을 추는 사람들 속에서 한 남자가 눈에 띄었다. 춤을 썩 잘 추는 것은 아니었다. 낡은 청바지에 티셔츠 한 장 걸친 남자. 남자는 연인의 허리

를 감싸고 빙글빙글 돌았다. 까르르 웃는 여자를 바라보는 남자의 눈빛이 따뜻했다. 행복함이 뚝뚝 묻어나는 얼굴이었다. 고급 승용차가 없어도, 티파니 반지 같은 거 없어도, 저런 눈빛으로 여자를 바라볼 수 있는 사람이라면 사랑에 빠져도 좋겠다. 사랑하는 사람들의 얼굴에서는 반짝반짝 윤이 난다. 그 빛으로 주위까지 환하게 한다. 인생에서 가장 빛나는 순간, 바로 누군가를 사랑하는 때다.

Tip 연인과 함께 가볼만한 레스토랑

1. 피터 도일 PETER DOYLE 시드니에서 가장 유명한 셰프 가운데 한 명인 피터 도일. 그의 이름을 딴 레스토랑이다. 오페라 하우스를 가장 잘 볼 수 있는 뷰 포인트가 바로 이 식당의 야외 베라스다. 시드니 먼세절에서 조금 걸어 내려오면 힉슨 로드 Hickson Road에 있다. 맥주 한 병 시키고 야외 테이블에 앉아 있으면 오페라 하우스가 우리 집 정원에 놓인 조형물처럼 느껴진다.

2. 팬케이크 온 더 락스 PANCAKES ON THE ROCKS 호주 유학생 사이에서도 잘 알려진 팬케이크 전문점이다. 힉슨 로드에 있는 메인 레스토랑이 제일 맛있다. 메뉴는 MACADAMIA MADNESS와 STRAWBERRY PATCH를 추천한다. 달콤한 팬케이크에 롱 블랙 커피를 함께 먹으면 환상의 짝꿍이다.

3. 마코토 MACOTO 릿지 Ridge 호텔 1층에 위치한 회전 초밥 전문점이다. 초밥도 맛있지만 후식으로 먹는 딸기 모찌는 최고다. 초밥집에서 초밥이 아닌 후식에 열광하는 기현상이 벌어진다. 물론 초밥과 롤도 맛있다.

쉿! 나무들이 자니, **조용히 하세요.**

뉴질랜드 타우포 • Taupo

삼 면이 창으로 둘러싸인 로지를 빌렸다. 창밖으로는 루아페후 산의 만년설과 맑고 푸른 타우포 호수가 펼쳐졌다. 넓은 거실 소파에 몸을 파묻고 아무 것도 하지 않은 채 그저 창밖만 바라봐도 좋은 곳. 욕실에 놓인 커다란 욕조가 특히 마음에 드는 2층집이었다. 산과 호수가 보이는 조용하고 따뜻한 2층집.
'나중에 나는 이런 집에서 살 거야. 넓은 마당에 새파란 잔디가 깔린 2층집. 작고 예쁜 다락방도 만들 거야. 집 앞에는 맑은 호수가 있고, 호수 위에는 하얀 조각배도 띄우고!'
어릴 적, 혼자 스케치북에 열심히 그려보던 집. 꿈속에나 있던 풍경이 짠잔, 내 눈 앞에 나타났다. 탄성이 절로 나오는 풍경을 감상하는데, 일행 중 누군가가 초를 쳤다.
"아무리 좋아도 잠깐이야. 여기서 살라고 하면 그림 같은 풍경도 싫증날 걸."
정말 그럴까. 이렇게 조용하고 단순한 풍경이 바라다 보이는 집에서 평생 살면 심심할까, 행복할까?
누가 살라고도 안 했는데, 괜히들 호들갑스런 상상의 나래를 퍼드덕댄다.
타우포 호수는 내 눈동자까지 파랗게 물들일 만큼 푸르고, 대접으로 한 사발 벌컥벌컥 들이켜도 좋을 만큼 맑았다. 갑자기 '지구야, 사랑해'를 외치고 싶을 정도였다.
'아, 이 아름다운 자연이 오래오래 더럽혀지지 말아야 할 텐데……'
아파트 베란다에 놓인 화분 하나도 못 살리고 죽인 내가, 지구 살리기에 팔을 걷어붙여야 할 것 같은 막중한 책임감이 몰려들었다. 사람의 손때, 인공의 냄새가 배지 않은 자연 그대로의 아름다움에 흠뻑 취해서.
옥색 물이 콸콸 흐르는 후카 폭포를 구경하고 타우포 온천으로 향했다. 그런데 온천 가는 길목에서 특이한 안내문을 보았다.
"쉿! 나무들이 자니 조용히 하세요!"
이 한 마디에 모두 수다를 멈추고, 장난을 멈추고 살금살금 숨을 죽였다. 입을 닫고, 마음을 여니까 비로소 나무들의 숨소리가 들리는 듯했다. 신선한 산소를 내뿜어주는 건강한 호흡이 내 몸 속까지 스며들었다.
'나무야, 나무야! 잘 자거라. 푹 자고 오래오래 건강하거라.'
타우포에서 나는 착한 지구지킴이가 되었다.

번지점프를 못 하다

뉴질랜드 타우포 • Taupo

"인생의 절벽 아래로 뛰어내린대도 그 아래는 끝이 아닐 거라고 당신이 말했었습니다."

영화 〈번지점프를 하다〉에 나오는 유명한 대사다.

살다 보면 한번쯤은 바닥이라고 느껴질 만큼 곤두박질 칠 때가 있다. 사랑이든, 성적이든, 경제적 상황이든, 자존심이든.

끝도 모르게 떨어지는 순간, 최소한의 안전장치가 내 발끝을 잡아 주리라는 믿음만 있으면 그것은 끝이 아니다. 그 믿음 하나로 추락의 공포를 이겨낼 수 있다. 그것이 어쩌면 사람들이 흔히 말하는 '희망'일지 모른다.

나는 친구들과 함께 희망을 찾아 도전하기로 했다. 겁나지 않을까, 주저하는 친구가 있었지만 내가 강력하게 설득했다.

"얘들아! 인생 뭐 있니? 가는 거야! 희망과 도전을 향해서~!"

말은 그럴싸하게 했으나, 막상 다리 위에 서자 다리가 후들후들 떨렸다.

"희망이고 도전이고 됐고! 번지점프는 내 스타일이 아냐."

체면은 이미 십리 밖으로 줄행랑친 지 오래. 도저히 용기가 나지 않아 주저앉았다. 그런데도 함께 간 친구들은 한술 더 떠, 자유낙하를 하겠다고 덤볐다. 주저주저 망설이던 친구까지 용기를 냈다.

'아니, 왜들 사소한 거에 목숨들을 거시나.'

나는 도저히 발이 떨어지질 않았다. 구차한 목숨을 연명하기 위해서는 달리 방법이 없었다. 깨끗하게 포기하는 수밖에는.

"야, 치사하다. 그러는 게 어딨어? 죽어도 같이 죽고, 살아도 같이 살아야지. 비겁하게~" "아하, 모르시는군. 인생 원래 비겁한 거야."

나는 까마득한 다리 밑에는 시선조차 주지 못한 채 자꾸만 뒷걸음질 쳤다.

나를 제외한 친구들은 모두 번지 점프에 성공했다. 그들의 도전을 보면서 나는 영화 속 또 다른 대사가 떠올랐다.

'우리는 나무가 흔들리는걸 보고 거기에 바람이 있었음을 알고,
뛰어내리는 사람을 보고 우리의 인생이 절벽이었음을 안다'

그리고 나는 번지점프를 보고 무슨 일이든 함부로 들이댈게 아니라는 걸 알았다.

와이헤케 섬, 리슬링 와인, 그리고 무지개

뉴질랜드 와이헤케 • Waiheke

뉴질랜드 최대의 항구인 오클랜드. 그 곳에서도 배를 타고 40여 분 더 가야 닿을 수 있는 섬. 그 섬 이름이 와이헤케다. 와이키키도 아닌 와이헤케!

처음에는 그저 1800년대 유럽 분위기가 나는 데본포트 Devonport의 아름다움에 반해 선착장 주변을 서성였을 뿐이다. 그런데 참 이상하지. 왜 선착장에서 배만 보면 무작정 떠나고 싶어지는 건지. 그 무슨 조홧속인지! 갈까 말까 망설이며 애꿎은 아이스크림만 핥다가, 결국 배를 탔다. 그리고 용감하게, 가고 싶던 그 섬에 갔다.

걷다 보면 푸른 숲이 나오고, 걷다 보면 초록 들판이 나오고, 또 걷다 보면 쪽빛 바다가

나오는 조용한 섬. 푸른 하늘 위에는 새하얀 구름이 둥실 떠 있고, 햇살은 눈부셨다. 누군가 지상낙원을 찾아 헤매고 있다면, 이 작고 아름다운 섬을 강추하는 바이다. 깎아지른 절벽 위에 그림처럼 서 있는 별장들이 탐나서 연신 군침을 흘리게 되는 에로사 항이 있긴 하지만!

한가롭게 섬 이곳저곳을 거닐다가 긴급히 버스를 탔다. 그리고 서둘러 스토니릿지 바인야드 Stonyridge Vineyard 로 향했다. 섹시스타 파멜라 앤더슨도 흠뻑 빠졌다는 스토니릿지의 와이너리가 와이헤케에 있다는 긴급정보를 입수한 것이다.

스토니릿지 와이너리는 영국 가디언스가 뽑은 '세계에서 꼭 방문해봐야 하는 와이너리' 베스트10 가운데 1위라고 한다. 영국 가디언스지 양반들이 괜히 허튼소리 하지는 않았을 테니, 일단 의견 접수.

도착해 보니, 담쟁이덩굴로 뒤덮인 아담한 빨간 벽돌집과 배고파 보이는 그 집 개가 방문객을 환영해주었다.

와이너리에서 운영하는 레스토랑에서 2009년산 리슬링 와인을 시켰다. 제목이 폴린 앤젤 fallen angel이었다. 그러나 리슬링은 '폴린 앤젤(타락천사)'이라는 이름에 걸맞지 않게, 눈부신 황금빛 화이트 와인이었다. 살짝 더운 여름과 잘 어울리는 와인. 달지 않고 신선해서 입맛에 잘 맞았다. '세계에서 가장 훌륭한 포도 품종'으로 꼽힌다는 리슬링. 내게는 아주 훌륭한 화이트 와인이었다.

그러나 중요한 건, 스토니릿지 와이너리에서는 레드 와인이 유명하다는 사실이다. 그러나 어떠랴. 올리브 나무 그늘에서 재잘대는 아이들과 드넓은 포도밭을 내려다보며 와인을 마셨는데! 이보다 더 근사할 수는 없는 오후를 보냈는데! 화이트든 레드든 상관없었다.

알코올 때문인지, 분위기 때문인지 콧노래가 나올 만큼 흥이 났다. 그런데 갑자기 맑았던 하늘에서 커튼 모양으로 비가 쏟아지기 시작했다. 그것도 좌악좍! 어맛, 이 뭔 일 이래? 덕분에 홀딱 비를 맞고 말았다.

엄청나게 퍼붓던 소나기가 그친 뒤, 바닷가로 내려갔다. 그리고 바닷가 끝에 있던 카페에서 핫 초콜렛을 한 잔 마셨다. 배는 어느새 떠날 채비를 했다. 이제는 조용하고 아름다운 섬, 와이헤케와 이별할 때다.

비 때문에 온몸이 젖었어도 행복했던 하루. 아쉽게 돌아서려는데 하늘에서는 커다란 쌍무지개가 떴다. 어랏? 오늘 하늘, 참 버라이어티 해주신다.

와이헤케의 커다란 쌍무지개까지 선물로 받고 나는 최고의 부자가 되었다.

비 때문에 온몸이 젖었어도 행복했던 하루. 아쉽게 돌아서려는데
하늘에서는 커다란 쌍무지개가 떴다. 어랏? 오늘 하늘, 참 버라이어티 해주신다.
와이헤케의 커다란 쌍무지개까지 선물로 받고 나는 최고의 부자가 되었다.

2010년 12월 15일 초판 1쇄 펴냄
2016년 6월 20일 초판 7쇄 펴냄

지은이	원나영
발행인	김산환
편집인	윤소영
편집	이상재 조동호
디자인	박미영
영업 마케팅	정용범
펴낸곳	꿈의지도
출력	태산아이
인쇄	다라니
종이	월드페이퍼

주소	경기도 파주시 광인사길 217, 3층
전화	070-7535-9416
팩스	031-955-1530
홈페이지	www.dreammap.co.kr
출판등록	2009년 10월 12일 제82호

978-89-963850-4-2-13980

지은이와 꿈의지도 허락 없이는 어떠한 형태로도 이 책의 전부, 또는 일부를 이용할 수 없습니다.
※ 잘못된 책은 바꾸어 드립니다.